Wallnöfer
Bauer und Landesfürst

Wallnöfer

Bauer und Landesfürst

herausgegeben von
Klaus Horst, Martin Marberger und Markus Hatzer

Edition Löwenzahn 1993

© 1993 by Edition Löwenzahn/Österreichischer StudienVerlag
Andreas-Hofer-Straße 4, A-6010 Innsbruck
. ▶Printed in Austria

2. Auflage
ISBN 3-900521-28-X

Satz: dolfmagoi
Umschlag: Ulrich Eichberger
Druck: Thaurdruck

Gedruckt auf umweltfreundlichem, chlor- und säurefreiem Papier

Inhaltsverzeichnis

Rudolf Kirchschläger

Erinnerungen an Landeshaupt- mann Wallnöfer

Landeshauptmann Wallnöfer zu kennen war eine innere Bereicherung. Es sind nicht nur die vielen Geschichten und Anekdoten, die an ihn erinnern, es ist auch das Beispiel, das er als Mensch und Landesvater gegeben hat. Nichts an ihm war eingelernt, jedes Wort entsprach seiner auf gesundem Menschenverstand gewachsenen Überzeugung. Er liebte es nicht, vorbereitete Reden zu lesen, aber wenn er sich während eines festlichen Essens ein paar Stichworte auf seine Zigarettenschachtel notierte, dann enthielt seine Ansprache immer echte Herzlichkeit, ein wenig Humor und dazu viele zum Anlaß passende gescheite Gedanken.

Die Behandlung des Südtirol-Anliegens hat uns oft zusammengeführt. Ich glaube, ich darf sagen, wir haben uns gut verstanden und auch eine gemeinsame Sprache mit unseren Südtiroler Freunden gefunden. Dies war nicht immer leicht, da die Vertreter einer Minderheit ganz natürlich nach anderen Grundüberlegungen ihre Entscheidungen treffen oder diese auch widerrufen als die Vertreter einer Mehrheit. Da war es schon für einen Außenminister in Wien ein gutes Gefühl zu wissen, daß das Ja des Landeshauptmannes von Tirol ein Ja war, das allen Belastungen standhielt. Er hat dies oft unter Beweis gestellt, so etwa bei meinem Außenministerbesuch in Rom, bei dem ich den sogenannten IGH-Vertrag als Teil des Operationskalenders unterzeichnete. Manche Menschen sieht man förmlich leiden, wenn sie gegen Widerstände ihr Wort halten sollen. Wallnöfer dagegen genoß es zu zeigen, daß sein Wort Geltung hat.

Vielleicht hing diese Grundeinstellung Wallnöfers auch damit zusammen, daß er entgegen manchen heutigen Praktiken Autorität als einen notwendigen Bestandteil zwischenmenschlichen Lebens ansah. Er erwartete, daß man seine Autorität anerkannte, aber er war auch bereit, seinerseits die Autorität des anderen zu respektieren. Dies ging auch weit bis in äußerliche Formfragen. Es war in der Zeit meiner Präsidentschaft praktisch unmöglich, nach Innsbruck zu kommen, ohne daß dort zu jeder Tages- und Nachtzeit Landeshauptmann Wallnöfer mich am Bahnhof erwartet hätte. Eines aber hatte er dabei in den ersten Jahren auszusetzen. Ich kam mit kleiner Begleitung ohne militärischen Adjutanten. Schließlich sagte er einmal zu mir: "Zu einem Bundespräsidenten, so meine ich, gehört doch eigentlich ein Adjutant! So nackt, das ist nichts, das schaut nichts gleich!" Ich habe dann tatsächlich nach Tirol meistens meinen Adjutanten mitgenommen.

Gott weiß, welch guter Christ Wallnöfer gewesen ist und wie sehr er auch als Christ lebte! Aber mit der Kirchenpolitik war er nicht immer ganz zufrieden. Als ihm von hoher kirchlicher Seite in Aussicht gestellt wurde, die Diözese Innsbruck würde um den tirolerischen Anteil der Erzdiözese Salzburg angereichert, wenn er seinen Widerstand gegen die Abtrennung Vorarlbergs von der Diözese Innsbruck aufgebe, stimmte er der Gründung der Diözese Feldkirch zu. Seine Erwartungen wurden nicht erfüllt. Enttäuscht meinte er dann

zu mir: "Das Wort von den hohen geistlichen Herren ist auch nicht mehr das, was es einmal war!"

Ganz konnte man aber Landeshauptmann Wallnöfer wohl nur begreifen, verstehen und richtig gern haben, wenn man ihn daheim auf seinem Bauernhof, vor allem mit seiner Frau erlebte. Die Einkehr zu einer Jause und das Beieinandersitzen mit ihm und seiner Familie gaben einen Blick in ein Leben, in dem Rechtschaffenheit, bäuerliches Selbstbewußtsein, Heimatliebe und christlicher Glaube noch einen bestimmenden Platz gehabt haben.

Rudolf Kirch-schläger mit Gattin zu Besuch in Barwies

9

Wilhelm Steidl

Ich vermisse ihn sehr!

Also, wenn ihr mich fragts über Wallnöfer, dann bin ich im höchsten Maße befangen. Ja, im höchsten Maße befangen, weil ich den Eduard Wallnöfer seit vielen Jahren gekannt habe, mit ihm befreundet war, und er auch mit mir befreundet war. Es war also nicht ein einseitiges Verhältnis, sondern ich glaube, daß er mich sehr mögen hat und umgekehrt auch ich ihn sehr mochte und ihn eigentlich heute sehr vermisse. Wallnöfer war eine Figur, die dieses Land in den letzten Jahren ungeheuer geprägt hat durch seine Präsenz. Wallnöfer hat aufgrund seiner persönlichen Integrität, seinem Mißverhältnis zum Geld und seinem ganz natürlichen Verhältnis zur Macht - denn er hat die Macht geliebt, es stimmt nicht, wenn irgend jemand sagt, er hat sie nicht geliebt, er war gerne mächtig - dem Land und der Politik dieses Landes bestimmt in den letzten Jahren den Stempel aufgedrückt.

Durch viele Jahre hindurch habe ich den Vorzug genossen, daß er mich in all den politischen Zeiten, wo die politische Meinung mir nicht sehr günstig gesinnt war, wo ich mit

dem Dr. Klaus Posch gemeinsam kandidiert habe, da hat der
Wallnöfer immer seine schützende Hand über mich gehalten. Schützend in dem Sinn, daß er mir nicht Hilfestellung
gegeben hat, aber er hat deutlich zum Ausdruck gebracht, daß
das, was ich tue, ihm kein Mißvergnügen bereitet und daß er
das auch schätzt, daß ich die Schneid hab, gegen die ÖVP zu
kandidieren.

"Er war immer er."

Ich halte also den Wallnöfer für einen besonderen Menschen,
weil er in einer Zeit der intellektuellen und halb-intellektu-
ellen Macher ganz einfach durch seine Natürlichkeit und
durch seinen ungeheuer entwickelten Hausverstand und
durch seine Redlichkeit und Volksnähe, die er immer gehabt
hat, allen anderen viel voraus hatte. Ob er im Mercedes
gehockt ist, oder im Stiegl-Bräu, oder in der Hofburg oder
wo immer, er war immer er. Es hat ihn nicht erreicht, die Eitel-
keiten haben ihn nicht erreicht. Er hat schon gewußt, daß er
Landeshauptmann von Tirol ist, er hat auch sicherlich eine
Beziehung zu Andreas Hofer gehabt, denn er hat sich schon
auf jenem Posten gefühlt, wo der Andreas Hofer zumindest
zeitweilig war. Dann hat er sich als Groß-Tiroler gefühlt,
durch seine Herkunft aus Schluderns war er natürlich Südtiroler und Nordtiroler. Für ihn war da kein Unterschied.

Die Dornenkrone

Ich bin sicher, daß Wallnöfer 1984 alles getan hat, daß diese
sogenannte Dornenkrone, von der alle Landhaus-Schranzen
abgeraten hatten, beim Festzug wirklich mitgetragen wird. Ich
glaube auch, daß er sie weitgehend finanziert hat, aber das
wird niemand mehr wissen, ich aber bin davon überzeugt. Und
damals hat er zu mir gesagt:
"Höre, Steidl! Mir sein die Zacher ohegronnen, wia di Dornenkrone kemmen ischt. Miar werden wåhrscheinlich die

11

letschten sein, denen die Zacher oherinnen, wenn von Tirol die Rede ischt! Stell dir fiar, wenn de Krone nit dabeigwesen war, dånn war des a Tråchtnumzug gwesen, wia jeder åndere. Ob's dem Bundespräsidenten recht wår oder nit, isch miar gleich gwesen. Wia die Leit augstånden sein, sein miar die Zacher ohegronnen."

"Miar sein nicht im Biedermeier"

Besichtigung der Umbalfälle in Prägraten

Wallnöfer hat sehr viel für Symbolik übrig gehabt, für das Land, für die Fahnen, die Schützen, für das Gepränge, für die hohe Geistlichkeit. Er war mit einem Fuß in der Vergangenheit und mit beiden Füßen in der Gegenwart. Er war aber natürlich nie ein eifernder Fanatiker. Er war ein stockkonservativer Mensch, und das hat auch jeder gewußt. Und was bei ihm natürlich hervorragend war, daß er den Strömungen des Zeitgeistes nicht erlegen ist. Er konnte auch mit diesen "grünen Dingen" nichts anfangen. Da hat er mir einmal gesagt: "Steidl! Oaner von ins zwoa muaß sich irren, der Scheiring (damals Landesforstdirektor) oder i. Wenn i in Wåld geah, dann siech i soviel Jungwåld und soviel junge gsunde Bam, wie i no nia gsechen hon; wenn der Scheiring in Wåld geaht, sieht er nur sterbende Bam. Oaner von

ins zwoa muaß unrecht hobm, i moan, der Scheiring."
Und er hat auch gesagt:
"Stell dir vor, es gab koa Autobåhn. Wås taten se då? Då
standen se heit no in Wåttens drei Stund!"
Er hat auch oft gesagt:
"Miar sein nicht im Biedermeier! Des isch a technische Zeit,
und a technische Zeit håt ihre Technik. Man muaß die Technik verbessern, die Menschen wern des zsåmmbringen, weil's
ja selber nit ersticken wolln, åber de grianen Spinnereien, de
siech i nicht ein."
Er hat auch zu diesen Umweltproblemen nicht den Zugang
gehabt, weil eine Innau war für ihn "Grund der Güteklasse
Null" oder so, nutzlos, bringt nix. Nicht, daß er die Natur nicht
geliebt hätte, er war ja Jäger, er hat sie geliebt, aber er hat
natürlich für einen Öko-Klamauk wirklich nichts übriggehabt. Er hat gewußt, daß die Leute sonst weggehen, wenn sie
in Tirol nicht Arbeit finden.

Der "pater patriae"

Er hatte also eine sehr klarsichtige, völlig greifbare Philosophie. Ich glaube auch, er hatte als einer der letzten eine Herzensbeziehung zum Land. Er hat diese Identifikation hergestellt, die der Funktionär nicht herstellt. Für mich ist Wallnöfer schon der "pater patriae", weil er zu diesem Land Beziehungen hergestellt hat und natürlich auch die Leute gekannt
hat. Ich war mit ihm einmal bei irgendwelchen Dreharbeiten
mit Omar Sharif im Gschnitztal drinnen, in Trins. "The Lost
Valley" hat das geheißen, und dieser Film hat sicher mehrere Millionen Schilling ins Gschnitztal gebracht. Und da hat
er einen Komparsen gesehen und ihn gefragt:
"Wo bisch du her?" "Jå, aus'm Zillertål" "Jå, wo då? ...
Ah, då. Då wår i schun im Ståll. Håsch du an Bruader? Es
håbts a schians Viech, ge? Då wår i schon Preisrichter!"
Er hat also mit den Leuten reden können. Ein Funktionär
erreicht die Leute nicht. Und dann hat er vor allem eins

gehabt, er hat eine wahnsinnig unparteiische Menschlichkeit gehabt. Er hat ja auch davon geschwärmt, daß fast in jedem Dorf ein Gymnasium gebaut wird. Und den Einwand, daß man also akademisches Proletariat heranzüchte, den hat er überhaupt nicht gelten lassen. Da kam er immer mit den Schwabenkindern, von denen war er fixiert:

"Willsch du des? Willsch du des, daß di Leite wieder giahn, willsch du, daß di Leite weckgiahn?"

Da war er also ganz rigoros auf dem Bildungssektor. Für die Universität hätte er alles getan. Die technische Hochschule hat müssen her. Er war auf dem Bildungssektor nicht zu bremsen.

"Er spricht deutsches Latein!"

Ich weiß von seinem Antagonismus mit dem Bürgermeister Lugger. Da hat es im Gebälk ja mehrfach geknistert. Daß wir uns da recht verstehen, es war keine Feindschaft Lugger-Wallnöfer, es war eine - wenn man so will - freundschaftliche Rivalität. Und ich kann mich noch gut erinnern, wie Wallnöfer im Café Greif via Fernsehen die Olympiade in Grenoble angesehen hat. Und wie der Lugger also mit der Olympia-Fahne ins Stadion eingezogen ist, hat er laut vor den Leuten gesagt:

14

"Des weard'n passen, im Lugger!"

Also mit dem Lugger hat ihn ein eigenartiges Verhältnis verbunden. Nicht, daß er den Lugger nicht mögen hätte, aber die Popularität vom Lugger und seine Popularität war eine völlig andere. Die Popularität vom Lugger war eine urbane Popularität, und jene

des Wallnöfer war eine Volks-Popularität. Ich glaube, daß er auch bis zu einem gewissen Grad dem Lugger um diese urbane Popularität neidig war. Vollkommen zu Unrecht! Er mußte ja mit dem Lugger als junger Landeshauptmann seinen - wie man so sagt - "Pferch" abstecken. Der Lugger war natürlich Olympia-Bürgermeister und Groß-Europäer und was weiß ich ... - eine große Repräsentationsfigur.

Ich erinnere mich an eine Ehrenbürger-Verleihung an den Baumeister Innerebner. Der hat also die Ehrenbürgerschaft der Stadt Innsbruck oder den Ehrenring oder irgend so etwas erhalten. Und da hat sich der Wallnöfer im Hotel "Theresia" damals sehr geärgert, weil der Lugger auf einem Sessel in der Mitte gesessen ist, mit seiner Bürgermeister-Kette um den Hals, und der Innerebner und er nur auf so einem Holzstuhl. Und das hat ihn also ganz narrisch gemacht, und da hat er eine Rede gehalten, in etwa so:

"Herr Bürgermeister! Der Landeshauptmann von Tirol ergreift das Wort in *seiner* Landeshauptstadt. Der Innerebner ischt heut Ehrenbürger geworden, ein Mann, der möglicherweise im Scheine einer Petroleumlampe zur Welt kemmen ischt. Und då sieht man, Herr Bürgermeister, wie weit's a Mensch mit Bescheidenheit bringen kånn."

15

Er hat also diesen Innerebner gelobt, und jeder hat gewußt, er zeigt jetzt dem Lugger, wo der Landeshauptmann von Tirol steht und wo der Bürgermeister von Innsbruck. Nicht, daß sie sich nicht mochten, aber da hat er also nichts gekannt, wenn es darum gegangen ist, Macht zu demonstrieren. Das hat er gemacht. Ein junger Jesuit sagte zu mir: "Er spricht deutsches Latein!", so hat ihn diese Rede beeindruckt, er hat also eine Rede gehalten von einer solchen feinen Klinge, daß das ein Akademiker gar nicht kann. Es war eine Brutus-Rede, eine fantastische Abrechnung mit Lugger, und jeder hat gewußt, hier ist der Wallnöfer der Herr, nicht der Lugger. Also, das hat er auch können.

"Geah, erklär miar des!"

Was vor allen Dingen beim Wallnöfer war: Er war sicherlich von einem sozialen Verständnis, daß all jene, die heute rechts leben und links singen, natürlich gar keine Ahnung haben, wie sozial der Mann war. Es hat ihn nichts mehr gerührt als persönliches Schicksal und persönliches Leid und solche Dinge. Ich hab noch in Erinnerung, da ist einmal ein Bahnwärter abgebrannt, irgendwo im Oberland, ich weiß nicht mehr, wo genau das war. Jedenfalls hat der zuständige Hofrat Streiter gesagt: "Herr Landeshauptmann, der kriegt keine Subvention!" Dann hat der Wallnöfer gesagt: "Warum kriagt der koa Subvention? ... Weil er koa Baur isch? ... Streiter, geah, erklär miar des."

Also, da hat er nicht Ruhe gegeben, bis der Streiter gesagt hat: "Ja, Herr Landeshauptmann, ist das eine Weisung?"

"Des kånnsch du nemmen, wia du willsch, aber i würde schon meinen, daß des a so in mein Sinn zu erledigen sein miaßt."

Er hat ja keine Weisungen gegeben, er hat einfach immer gesagt, was er will, und das hat genügt.

16

"Wås moansch ietz du?"

Und dann hat er natürlich eine Fähigkeit gehabt, die ich nie gehabt habe, der Wallnöfer aber in hohem Maße: Der Mann konnte zuhören, was ja kaum mehr ein Mensch kann. Er konnte also in höchstem Maße zuhören, und er hat auch - jetzt unter Anführungszeichen - "Leute ausgehorcht". Nicht jetzt Skandale, die haben ihn überhaupt nicht interessiert, weder Geldsachen, noch wenn einer eine Freundin hatte oder so, er hat auch nie einen ordinären Witz gemacht, es hätte auch nie in seiner Gesellschaft ein ordinäres Wort fallen dürfen, das war ihm widerlich, das wollte er nicht. Er konnte aber eben unheimlich gut zuhören, und er ist ja auch unter die Leute gegangen; er war nicht so wie der Normalfunktionär, der aus dem Mercedes nicht mehr herauskommt und ausschließlich mit seinen Weihrauch-Aposteln verkehrt. Er hat das Gespräch mit den Leuten gesucht, und zwar nicht nur mit akademischen Artgenossen und mit solchen, sondern er hat gesagt:

"Steidl! Wås moansch ietz du? ... Ah, des moansch du?"

So, dann hast du nicht gewußt, wie du dran bist. Aber ich hab genau gewußt, daß er sieben, acht Leute dasselbe gefragt hat. Und das hat mitgetragen zu seinen politischen Entscheidungen. Wenn ihn etwas geplagt hat, dann hat er die Leute gefragt. Oft haben wir dann miteinander auch gestritten, ganz entsetzliche Streitereien gab es da, aber er hat ja auch das Streitgespräch geliebt.

"Der Bauernbund isch älter wia die ÖVP!"

Vor allem konnte man mit ihm streiten, wenn man die ÖVP kritisiert hat, das nahm er dann oft sehr persönlich. Er hat ja zur ÖVP auch ein höchst eigenartiges Verhältnis gehabt. Er hat einmal, als er einmal leicht angespitzt war, zu mir gesagt:

"Merk dir des! Die ÖVP isch das Klavier, auf dem der Bauernbund spielt!"

Das hat er mir einmal verkündet. Ich sage: "A so?" Und er sagt:
"Der Bauernbund isch älter wia die ÖVP, der Bauernbund ... und der Bauernbund ... etc."
Es hätte ihn sicher rasend gemacht, wenn er im Bauernbund eine Wahl verloren hätte. Wenn er in der ÖVP eine Wahl verloren hätte, hätt's ihn sehr gewurmt, aber wenn er im Bauernbund eine Wahl verloren hätte, hätte es ihn persönlich zutiefst verletzt. Er war stolz auf den Bauernbund, weil der Bauernbund - seiner Auffassung nach, die auch nicht widerlegt werden kann - die demokratisch best-organisierte Organisation überhaupt ist. Er hat oft gesagt:
"So oane muasch erscht finden, so a Organisation, wo der Jungbauer gwählt weard, die Jungbäurin gwählt weard. Die wählen in Bezirksbauernrat, und der Bezirksbauernrat wählt den Bundesrat, und ..." Das hat er aufgezählt und gesagt: "Wia des isch im Dorf, und es weard a koaner Jungbauernobmann, der nicht des Vertrauen der Leite håt ..."
Also, daß er Bundesobmann des Tiroler Bauernbundes war, das war für ihn das Wesentliche. Er war sicherlich "zuallererst" Obmann des Tiroler Bauernbundes. Und da hat er auch seine Kraft bezogen, aus der historischen Geschichte des Bauernbundes, die er total beherrscht hat. Er war fasziniert, daß der Bauernbund den Prof. Gschnitzer gehabt hat. Und da hat er gesagt: "Der Bauernbund håt ålm gscheite Leit ghåbt, auch wenn sie nicht katholisch wårn wia der Gschnitzer."
Das muß man sich vorstellen, der Gschnitzer war gottlos, war erklärter Agnostiker, als Spitzenkandidat des Bauernbundes. Also, die waren viel liberaler damals als alle diese Gruppierungen, die heute meinen, sie haben die Toleranz gepachtet. Aber eines natürlich, das hat er gewußt: daß der Bauernbund die Macht ist, die das Land zu führen und zu beherrschen hat. Und das hat er auch begründet, weil er gesagt hat: "Wer koan Eigentum håt, der håt a koan Respekt vor den Dingen!"

18

Und er hat auch gesagt: "Jeder Mensch soll Eigentum håbm!"

Drum hat er auch jeden Häuslbauer unterstützt. Er war zutiefst davon überzeugt, daß das Eigentum die Quelle des sozialen Friedens ist, denn: "... wenn der Mensch nix håt, dånn weard er beasårtig!"

Das hat er mir oft gesagt. Also ich muß sagen aus meiner Sicht, es war jedes Zusammensein mit ihm ein Vergnügen.

Das Heilige Land Tirol

Prozession in Barwies

Er war sicherlich mit weitem Abstand die größte Persönlichkeit, ich habe niemand wie ihn kennengelernt später und nachher. Wenn du mit ihm gesprochen hast, dann hast du das Gefühl gehabt, du redest mit dem Land Tirol, so blöd das jetzt klingt. Also ich hab das Gefühl gehabt, wenn du mit ihm sprichst, dann kannst du mit dem Land Tirol sprechen. Er war das personifizierte Land Tirol, so muß ich sagen!

"Tirol wår immer dreispråchig!"

Und dann hat er noch etwas gehabt, was ganz wenig Leute haben, er hat einen ungeheuren persönlichen Mut gehabt, eine Wahnsinns-Schneid, und es war ihm auch sein Amt wirklich wurscht. Wie also der Freiheitskampf in Südtirol begonnen hat im 61er Jahr, da hat er natürlich mit dem ganzen Herzen gewußt, daß es nur so geht. Er hatte Sympathie für

diese Leute, für den Klotz oder wen auch immer, und er war im Herzen ganz auf deren Seite. Und er hat das auch - soweit das sein Amt vertragen hat, bis an die Grenze der Verträglichkeit seines Amtes - muß ich sagen - diesen Leuten gezeigt.

Er hat überhaupt die gesamte Tätigkeit seines Amtes unter die Prämisse der Landeseinheit gestellt. Er hat mir einmal gesagt:

"Steidl! I wear's vielleicht nit erleben, und du vielleicht a nit, åber kemmen weard des!"

Da glaubte er also fest daran, daß das kommt.

Ich weiß noch gut, wie der Klotz in den Hungerstreik getreten ist. Da hat der Wallnöfer mich angerufen und gesagt:

"Ich bitte dich! Überzeug den Klotz, daß er des låßt, den Hungerstreik."

Ich weiß auch noch, wie ich in den Südtirol-Prozessen verteidigt habe. Da hat sich Wallnöfer täglich anrufen lassen:

"Bitte ruaf mi ån und såg, wås då isch!"

Ich meine, er hat so mitgelebt, und er hat den Leuten ungeheuer Gutes getan, ob die Staatspolizei ihn observiert hat oder nicht, das war ihm egal. Ich möchte gern den Staatspolizeiakt "Wallnöfer" sehen, nicht? Also, da war ihm das wirklich gleichgültig. Er war aber nie dafür und hat auch nie ein Wort des Beifalls gesagt für Menschenleben-Attentate, das muß ich auch sagen. Er hat nie wollen, daß Blut fließt. Aber ein bißchen eine Begleitmusik zur Südtirol-Politik, die hat er sicherlich bejaht. Ich meine - damit wir uns richtig verstehen -, er war nicht Teilnehmer an diesen Dingen, aber er hat sicherlich gewußt, daß es ohne Gewalt gegen Sachen nicht geht. Und daß die Autonomie heute - doch bis zu einem großen Grad - da ist, ist sicherlich nicht den Verhandlungen zu verdanken, sondern eher der Angst, die die Italiener gehabt haben, daß sie ein zweites Irland kriegen könnten - eine Zeit lang hat es ja wirklich so ausgeschaut. Und man muß den Italienern lassen, daß sie das erkannt haben und daß sie eben nicht ein Dorf angezündet haben und keine Massenerschießung gemacht haben, denn sonst hätten wir irische Zustände hier.

Aber der Wallnöfer war natürlich auch immer überzeugt, daß man dem Italiener in Südtirol Heimat geben muß. Er hat auch immer gesagt: "Der Italiener, der Walsche, wenn er schon so lång då ischt, dånn weard man ihm, wenn er bereit ischt, die Tiroler Tråcht anzuziehen, nicht aus oaner Schitzenkompanie davonjågen kennen."

So hat er das mir einmal gesagt, und er hat auch gesagt: "Der Walsche muß sich zur Tirolität bekennen! Tirol wår immer dreispråchig, und wenn sich einer zur Tirolität bekennt, ischt er in Tirol willkommen, denn wir håbm jå hier die Gesetze auf italienisch im Låndtag. Es gibt ja koa Låndesgesetz, des nit auf italienisch verkündet war, nit?"

So hat er das gesagt, das neue Schlagwort von der "Tirolität" ist ein Wallnöfer-Wort. Was ihn wahnsinnig gemacht hat, war die Ortsnamen-Verfälschung in Südtirol, da war er gnadenlos. Er war aber Realpolitiker und hat sich sehr schweren Herzens zur Paket-Lösung bringen lassen, überaus schwer. Er hat sie dann voll vertreten, weil sie von Südtirol

aus vertreten wurde, aber er hat große Skepsis gehabt zum Paket, denn er war sicherlich im Herzen ein Anhänger des Selbstbestimmungsrechts. Er hat auch immer gesagt: "Wås in der UNO-Charta steaht, muaß a fir Tirol gelten, und wås fir Triest gilt, muaß a fir Tirol gelten. Wenn ma die Triestiner åbstimmen håt låssn, dånn muaß man a die Tiroler åbstimmen låssn."

Die Großen der Welt

Und er hat vor allen Dingen eines nicht gehabt, er hat keine Befangenheit gegenüber den Großen dieser Welt gehabt. Denn er hat mit einem Prinz Philipp oder mit einer englischen Königin oder mit einem Bischof oder mit dem Bruno Kreisky normalen Umgang gehabt. Die englische Königin war zutiefst beeindruckt von ihm. Und der Bruno Kreisky - das weiß ich -, der war ganz glücklich, wie sie endlich per Du waren. Ich weiß, daß das dem Kreisky ein Anliegen war, und ich glaube, der Herbert Salcher hat dann das endlich vermittelt, daß die zwei sich dann endlich geduzt haben. Aber der Wallnöfer hat den Kreisky immer bewundert, skeptisch bewundert zwar, weil er halt ein Sozi war - er hat also schon gewußt, daß da eine Barriere da ist -, aber er hat ihn bewundert.

Der Mann vom anderen Stern

Vom Androsch war er ganz geblendet. Ich weiß nicht, wieweit seine Menschenkenntnis gegangen ist, das kann ich nicht

22

sagen, ob er ein guter Menschenkenner war oder nicht, das weiß ich nicht, aber er hat die Leute schon so angeschaut: "was bringen sie Tirol". Also da war er total Bauer.

Den Androsch also, den hat er mögen, weil der Androsch ihn auch mögen hat. Und für den Androsch war natürlich der Wallnöfer ein Mann vom anderen Stern, und es war auch sicherlich der Androsch für den Wallnöfer ein Mann vom anderen Stern, weil das

Tiroler Audienz beim Papst

waren zwei Welten. Auf der einen Seite der höchstentwickelte Wiener Salon-Politiker und ... Aber es war ein ganz anderes Verhältnis als zum Kreisky. Beim Androsch - so glaube ich - hat er den ökonomischen Aufsteiger und die Jugend geschätzt, und daß er so jung schon Finanzminister ist, das hat er rückhaltlos bewundert. Während er beim Kreisky natürlich die gemeinsame Geschichte bewundert hat, also das gemeinsame Erlebte.

Geheimschrift oder Hieroglyphen

Und dann hat er etwas gehabt, er hat in wirtschaftlichen Kategorien gedacht. Für Wallnöfer waren sicherlich die ganz wichtigen Dinge die TIWAG, die Energiepolitik, die Autarkie des Landes, die Universität, die Bildung, die Landeseinheit und halt - wie gesagt - ein soziales, ein ungeheuer soziales Empfinden. Er hat immer gesagt:

1) 23-VII =

 a)
 b)

2)
 a)
 b)

3) a)
 b)

4)
 a)
 b)
 c)

5)
 a)
 b)
 c)

6)

7) 16.

8)

"Miar kånn niamand wås erzähln, so letz, wia's miar gån-
gen isch, kånn's niamand gångn sein."

Er hat da aus dem Vollen geschöpft, und er hat mir oft erzählt, was für eine schwere Jugend er gehabt hat.

Und dann war er auch faszinierend, ich bin mir nicht sicher,
ob er nicht perfekt stenographieren hat können. Er hat da
immer so Zettel gehabt, und ich glaube, da hat er stenographiert, auch auf die Zigarettenschachteln. Das hat immer so
ausgeschaut wie irgendwelche Hieroglyphen, also: entweder
er hat eine Geheimschrift gehabt, oder er hat stenographiert,
da bin ich nie drauf gekommen.

Was er sicher können hat, das war: er hat in hohem Maße
Bilanz lesen können. Also, das hat er genau gewußt. Ich hab
ihn einmal darauf angesprochen und dann hat er gesagt:

"Des hån i miar beim Verbånd ångeeignet!"

Da war er ja beim Braunviehzuchtverband, und da hat er
das gelernt.

"Bewåchen wearn mir ins nicht låssn!"

Sein Verhältnis zu Kritik ist nicht sehr einfach zu beschreiben. Von mir hat er ungeheuer viel ausgehalten. Er war nie
bös, aber er hat natürlich schon eigensinnig sein können. Er
hat schon gesagt:

"Låß des, des isch a Bledsinn!", oder so. Aber ich weiß
halt, daß das gesellige Gespräch ihm enorm viel bedeutet hat.
Einmal bin ich mit ihm gesessen von 11 Uhr vormittags bis fünf
Uhr in der Früh im Greif. Da war - glaub ich - der Graf Stolberg dabei, und der Eberhard Molling ist gekommen, der ist
am Aschenbecher eingeschlafen. Der Eduard ist da gesessen,
das Glasl vor sich, die Zigaretten - eine nach der anderen -
und den schlechten Wein ... und es wurde von 11 Uhr vormittags bis fünf Uhr früh ausschließlich politisiert: über Energie, über Innsbruck, über was weiß ich.

Und um fünf ist er dann heimgefahren. Er ist ja immer
heimgefahren. Von irgendwoher ist immer auf einmal ein

Chauffeur aufgetaucht, wie das organisiert war, weiß ich nicht. Einmal habe ich zu ihm gesagt: "Du, bei dir geaht oaner eini, haut dir oane ohi, und geaht wieder!" Er hat darauf nur gesagt: "Nana, bewåchen wearn mir ins nicht låssn!" Das hätte er also nie zugelassen. Er ist ja auch immer zu Fuß gegangen in der Stadt.

"Ietz die Brennerautobåhn!"

Jedenfalls ist das Land um eine wirkliche Erscheinung ärmer. Das kommt auch nicht mehr, in der Form ist es nicht mehr möglich. Die Politik ist seit Wallnöfers Tod eiskalt geworden. Wallnöfer hat den sogenannten politischen Gegner nicht gekannt, nur den politischen Konkurrenten, mit dem er dann auch abgefahren ist, dem hat er keinen Spielraum gelassen, da war er nicht zimperlich. Wer die Mehrheit hat, regiert - das hat er genau gewußt. In der Anwendung der Macht war er nicht zimperlich, weil er hat regiert. Er hat zwar viel diskutiert, aber dennoch in erster Linie regiert. Heut wird ja nur mehr diskutiert und kaum noch regiert. Wallnöfer war ein Mann der Handlung und des Entschlusses.

Ich weiß noch genau, da war die Autobahn ins Unterinntal noch nicht, und da hat er gesagt:

"Ietz muaß man die Brennerautobåhn bauen!"

Da erinnere ich mich noch, da hab ich ihn noch gar nicht so gut gekannt, da war er Landesrat in Agrarsachen und der Tschiggfrey war Landeshauptmann.

Da hat er also gesagt: "Ietz miaßn mir die Autobåhn auf'n Brenner baun!" Worauf ich die Frage gestellt hab: "Du, i woaß nit, warum man nit liaber die Autobahn nach Kufstein bracht?" Dann hat er gesagt: "Wenn man die Autobåhn am Brenner håt, Steidl, nocher muaß man die åndere a bauen!"

"Wieso kånn der koan Cognac trinken?"

Aber jetzt muß ich euch in dem Zusammenhang noch etwas erzählen, nämlich wie anständig der Mann war. Ich hab also den Seidl verteidigt, das war damals der Chef der Straßenbauten. Und da war der sogenannte Bau-Skandal. So wie jetzt der Fleisch-Skandal war, war damals der Bau-Skandal. Und da wurde in den Medien geschrieben: "300 Millionen veruntreut - Sektions-Chef Seidl in Haft". Dann hat man diesen Seidl da nach Innsbruck transportiert. Es ist dann schon ein Strafprozeß herausgekommen, aber mit lächerlichen Schadenssummen: zehn Monate bedingt oder so. Nun hatte dieser Seidl das Ehrenzeichen des Landes Tirol bekommen, weil er der Verantwortliche war für die Brenner-Brücken und was weiß ich. Der Seidl war also ein sehr mächtiger Mann, ohne den sich im Straßenbau nichts getan hat. Nun saß der Seidl in Innsbruck in Haft. Dann ruft mich der Wallnöfer zu sich. Ich komm zu ihm ins Landhaus, dann sagt er:

"Ich bitte dich, då håsch a Flåschn Cognac, bringsch du des dem Seidl ins Gfångenenhaus?" Dann hab ich gesagt: "Herr Landeshauptmann, der kånn koan Cognac trinken." Dann hat er gesagt: "Wieso kånn der koan Cognac trinken?" "Jå, weil's im Gfångenenhaus koan Cognac gibt." Dann hat er gesagt: "Jå, der Månn isch ja nicht verurteilt!"

Das hat ihn rasend gemacht, daß ein Mensch, der nicht verurteilt ist, nicht tun kann, was er will; daß er in seiner persönlichen Freiheit, in seiner Würde eingeschränkt ist. Und dann hat er gesagt:

"Ich bitte dich, bring des ins Gfångenenhaus!"

Dann hab ich dieses Zeug halt mitgenommen und bin hin zum Untersuchungsrichter. Und der Wallnöfer hat natürlich einen Brief geschrieben:

"Sehr geehrter Herr Sektions-Chef! Ich hoffe, daß der Zustand nicht mehr lange andauert, und wünsche Ihnen ein gesegnetes Weihnachtsfest, soweit es die Umstände möglich machen. Wallnöfer, Landeshauptmann!"

"Und des gibsch du dem Untersuchungsrichter!" Dann hab ich gesagt: "Der Brief weard zensuriert!"

"Wås weard der Brief? Zensuriert?"

"Jå", hab ich gesagt, "der weard zensuriert!"

"Dånn soll er ihn lesn!", hat er gesagt.

Das war für ihn selbst-

Mit Bischof Paulus Rusch

verständlich, verstehts ihr, was ich mein. Ein anderer, der geht ja sofort auf Tauchstation. Nein, nix, der Wallnöfer nicht. Er hat sich voll eingesetzt für den Klotz, als der in Südtirol in Haft war, da hat er alles getan. Und das sind die Dinge, die in Erinnerung bleiben, zurückstrahlen.

"Des kånn's nicht sein!"

Heute würde er sehr große Schwierigkeiten haben, er würde die ganzen Wahnsinnigen nicht verstehen, weil der Transit würde ihn nicht stören, er würde es nicht so empfinden. Aber das ist eine Generationsfrage. Er hat immer gesagt zu mir:

"Steidl, merke dir: die Todesångst isch koa politische Kategorie. Mit der Ångst måcht ma die Leit nicht glicklich, und diese Leite verängstigen die Bevölkerung. Und des kånn's nicht sein."

"Wir Tiroler müssen in die EG"

Wie er heute zur EG stehen würde, läßt sich schwer sagen. Er war sicherlich total Europäer. Er hat immer gesagt:

"Wir Tiroler müssen in die EG, weil wir Tiroler müssen kleine ökonomische Nachteile, die sich möglicherweise ergeben, für die Landeseinheit in Kauf nehmen. Denn nur im geein-

ten Europa ist die Lan-
deseinheit möglich. Und
daher muß der Tiroler
die EG befürworten,
auch wenn da und dort
sich Nachteile ergeben."
  Es drehte sich bei ihm
also immer alles um Süd-
tirol und um die Lan-
deseinheit. Er hätte freilich alles getan, um - was
weiß ich - den Tiroler
Kas zu verteidigen und
was weiß ich alles. Er

*Julius Raab
und Eduard
Wallnöfer*

hätte sicher alles getan für den Föderalismus. Ich hab ihm auch
einmal gesagt, Tirol habe alles verkauft, was an föderalen
Rechten zu verkaufen war. Da hat er natürlich schon geschaut.
Da hat er gesagt:

  "Wia moansch ietz du des?" Dann hab ich gesagt: "Du, es
isch ålls verkafft worden. Wenn der Bund zåhlt håt, dånn håt
man die Låndeskompetenz båld aufgegeben."

  Und das hat ihn oft schon sehr gewurmt, solche Wahrheiten.
Die hat er nicht gern gehört, aber er hat sie auch nicht verneint.

"Nimm du des, wenn der z'bled ischt!"

Und dann hat er natürlich noch etwas gehabt, jetzt auf meine
Person bezogen. Ich habe das Gefühl gehabt, er steht einfach zu mir. Das ist halt das, was ich an ihm in Erinnerung
habe. Ich hab im Laufe der Jahre ein doch sehr persönliches
Verhältnis zu ihm entwickelt. Er war ja nicht leicht zu überzeugen. Es ist ja nicht so gewesen, daß er Menschen sofort
akzeptiert hat. So auf den ersten Anhieb mit Menschen besonders eng, das war er sicher nicht.

  Bei dieser Politik in Innsbruck, wo also ich immer wieder
im Kreuzfeuer der Kritik war, war er nicht bereit, jenen

Bannstrahl auszusprechen, den sich die Leute in Innsbruck von ihm erwartet hätten, und den die Partei von ihm verlangt hätte. Das hat er nicht getan. Er hat das einfach akzeptiert, einen anderen Standpunkt. Und - das darf ich für mich in Anspruch nehmen - er wollte auch haben - das ist aktenkundig -, daß ich nach der Wahl Vize-Bürgermeister von Innsbruck bin. Da hat er mir gesagt - ich hab dafür Zeugen, den Dr. Gschnitzer:

"Jå, soll sich der Landeshauptmann von Tirol niederknieln vor'n Dr. Steidl, daß er Vizebürgermoaschter von Innschprugg weard!"

Und dann hab ich gesagt:

"I hån lei fünf Mandate, ich låß mich nicht von der Gnade der Volkspartei zum Vize-Bürgermoaschter wählen. Mit åcht Mandaten steaht er mir zua und mit fünfe steaht mir a Stådtråt zua, und ich werde nicht Vize-Bürgermoaschter von der Gnade der Volkspartei."

Und dann hat er gesagt zum Gschnitzer: "Gschnitzer, nimm du des, wenn der z'bled ischt!"

Ja, und da hat er natürlich - heute rückschauend - vollkommen recht gehabt. Er hat gesagt:

"Koa Mensch frågt des. Wenn du da Vize-Bürgermoaschter bisch, bisch der nächste Mann!"

Er war da ganz außer sich, daß ich ihm das ablehne. Das hat ihm dann aber doch wieder gefallen - ich hab mir gedacht, jetzt redet er nicht mehr mit mir, weil ich ihm gesagt hab, ich tu's nicht. Und da war er von einer wirklich herzerfrischenden Freundlichkeit, weil ihm das scheint's doch gefallen hat.

Also, ich hab ihn nur in einer ungeheuer lieben und väterlichen Erinnerung, ich kann's nicht anders sagen. Es ist auch selten so, daß einem ein fremder Mensch so abgeht, muß ich sagen. Obwohl ich mit ihm und der Volkspartei einen Krieg geführt hab, einen wirklichen Krieg, auch in weltanschaulicher Hinsicht. Ich war sicherlich nicht seiner Meinung, beispielsweise in der bündischen Struktur usw.

30

Es hat ihm ein "Geldsack" nicht imponiert

Aber er war sicher kein Träumer, er war wirklich ein Realpolitiker und er hat sicherlich nicht die Welt aus den Augen
der Phantasie betrachtet. Und er hat gewußt: 66 Prozent
sind nicht 62 Prozent, und Eins und Eins ist Zwei, und er hat
auch ein Gefühl gehabt für Machtpolitik. Und er hat gewußt,
daß ohne Wirtschaft nichts ist. Und er hat das Eigentum
hochgeschätzt, weil er in seiner Jugend sicher keines gehabt
hat, und er hat gewußt, daß das Eigentum die Quelle der
Unabhängigkeit des Menschen ist. Er hat es nicht so gesehen, daß es ihn reich macht, sondern daß es ihn unabhängig
macht. Und er hat auch nichts übrig gehabt für Exzesse mit
dem Eigentum, es hat ihm ein "Geldsack" nicht imponiert.

Bischof, Schützen, Piefke-Saga

Wallnöfer hätte es nie zugelassen, daß der Bischof zu ihm
ins L ■ dhaus kommt, was der Landeshauptmann Grauß noch
als selbstverständlich empfunden hat. Der Grauß hat den
Bischof zu sich ins Landhaus bestellt. Das wäre für den Walli
nicht denkbar gewesen.

Das Tiroler Schützenwesen war für den Wallnöfer Ausdruck für das, was kein anderes Land hat. Das war für ihn
nicht nur Folklore, eine Fronleichnamsprozession ohne Schützen wäre für ihn undenkbar gewesen. Im Brauchtum und in
den Trachten hat er Tirol gesehen.

Die "Piefke-Saga", den Film, hätte er verbieten lassen. Das
glaub ich sicher, von dem hättest du keinen Beifall gekriegt
für so was. Oder die Fremdenverkehrs-Werbung hätte er
innerhalb kürzester Zeit verboten, das hätte er sicher verboten. Also das, daß ein Christus in einer Fremdenver-
kehrswerbung mit einem halben Kopf photographiert wird und
daneben eine Art homophile Erscheinung, das hätte er sicher
abgestellt, das schwör ich dir, das hätten sie sich nicht getraut.

"Herr Gråf, des weard nit giahn!"

Für Wallnöfer war selbstverständlich der Dollfuß der Helden-Kanzler, und für ihn war selbstverständlich der Schuschnigg eine zu verehrende noble Erscheinung des Konservatismus, und es war für ihn selbstverständlich, daß der Landeshauptmann beim Begräbnis vom Schuschnigg dabeizusein hat und sich nicht distanziert. Also, da hat er überhaupt keine Hemmungen gehabt, nicht wahr? Und sein Bekenntnis zur geschichtlichen Tradition, das war für ihn überhaupt außer Streit. Er hat zum Beispiel dem Graf Stolberg, dem Ur-Enkel vom Kaiser Franz-Josef, nicht das Du-Wort gegeben. Ich hab oft gesagt: "Ietz sågts amål du, es zwoa!" Dann hat der Walli gesagt, das könne er nicht, der Stolberg stamme vom Kaiserhaus ab:

"Herr Gråf, i kånn Ihnen nit's Du-Wort ånbiaten, des weard zwischen ins nit giahn!"

"Der Månn håt koane silbernen Löffel gstohlen!"

Er hat sicherlich die Arroganz der Menschen, die heute sagen, wie man sich 1918 benehmen hätte sollen, und was man 1934 machen hätte sollen und '38 machen sollte, diese Rotzbuben, die also diese permanenten Belehrungen abgeben, wie sich die Leute benehmen hätten sollen in der Zeit, da hat er sicher keinen Zugang gehabt dazu. Er war aber so objektiv, daß er gesagt hat:

"Des wår bled und des wår bled und des wår bled!" Er hat das nicht verherrlicht gesehen, aber er hat gesagt: "A Mensch, der siebn Jåhr im KZ wår, verdient meine Hochachtung. Und der Månn håt koane silbernen Löffel gstohlen."

Das war für ihn das Wesentliche, daß er sich politisch in seiner Zeit geirrt hat, das hat der Wallnöfer natürlich gewußt, als selbst politisierender Mensch, wie leicht man sich irren kann, nicht? Weil das ist ja kein Geschäft, wo man ein Hell-

seher sein muß. Und das - finde ich - war bei ihm Größe. Er
hätte ja selbstverständlich mit einem Kommunisten, der zehn
Jahre in Sibirien war, auch zu Mittag gegessen.

"Des isch nicht Tirol!"

Aber natürlich hat er, wenn er von Österreich geredet hat,
geschichtlich das Große Reich im Auge gehabt. Auch wenn er
von Tirol geredet hat, hat er von der gefürsteten Grafschaft
Tirol gesprochen. Das war seine Sicht, auch das "einige Tirol".
Hat er ja immer gesagt:

   "Wås willsch denn mit'n Inntål und seinen Seitentälern.
Des isch nicht Tirol." Das hat er oft gesagt.

Für die Südtirol-Prozesse hab ich den alten Wiener Rechtsanwalt Stern verpflichtet, weil da wollten einige eine Neo-Nazi-Story daraus machen, und das hat der Wallnöfer gewußt, und dann hat er gesagt:

"Ich bitte dich, geah då hin!" Und dann haben wir natürlich eine Verteidiger-Bank zusammengestellt: einen Juden, einen großen Sozi-Abgeordneten, und dann sind sie dagesessen und haben sich die Nazi-Story in die Haar schmieren können, die Herrschaften.

"Frågen Sie die Leite!"

Kennengelernt hab ich den Wallnöfer bei der Dolmetscherei. Ich habe gedolmetscht für das Land Tirol vor dem Bau der Brennerautobahn. Und da war er Landesrat für Agrarsachen. Da hat er einer Sitzung der Landesregierung beigewohnt, wo also Amerikaner da waren von einer großen "Constructing-Firm", einer riesigen. Und da hat er gesagt zu mir:

"Frågen Sie die Leite, ob då ausländische Årbeiter bauen oder insere Leit?"

Und das hat er innerhalb von drei Minuten gewußt, daß das also nichts ist für das Land Tirol. Und dann ist er wieder gegangen, und so haben wir uns kennengelernt. Später haben wir uns dann einmal getroffen und geredet und so. Dann hat er mich öfter geholt, wenn etwas gewesen ist in Sachen Südtirol. Da hat er also gern mit mir geredet. Und mit der Zeit hat sich dann eine starke Bindung ergeben. Ich glaube, daß ich wirklich sagen kann, daß wir befreundet waren, das werden Ihnen vielleicht auch andere Leute bestätigen. Ich glaube, daß ich ihn wirklich gut gekannt habe.

Er hat ja solche Sachen gemacht, wie die Verleihung des Ehrenkreuzes des Landes Tirol an mich. Das hat er gemacht zu einer Zeit, wo niemand mir irgendein Ehrenzeichen gegeben hätte. Das hat ihm selbst große Genugtuung bereitet.

Wir haben uns mögen, sagen wir so, wir haben uns wirklich sehr mögen. Und ich hab ihn auch anrufen können und

ihm alles mögliche
sagen können.

Er war ja nicht nur
lustig, sondern auch
politisch gescheit.
Wallnöfer würde man
nicht gerecht, wenn
man meinen würde,
daß er nur ein Origi-
nal war. Da würde
man ja ganz fehl
gehen, wenn man der
Meinung wäre, daß er
nicht immer genau
gewußt hat, was er
will. Aber für mich -
wie gesagt - war das so,
daß man das Gefühl
hatte, mit dem Land
selbst sprechen zu
können.

Er war ein
bäuerlicher Herr

*Eduard
Wallnöfer in
der Kirche*

Wallnöfer hat einen feinen, verschmitzten Humor gehabt.
Er war ein Herr. Er war ein bäuerlicher Herr, das gibt's ja
nie mehr. Er konnte einen Hut aufhaben und die Schuhe aus-
gezogen haben und einen leichten Rausch haben und im Stiegl
sitzen. Das hat ihm niemand übel genommen. Er ist auch nie
aus der Rolle gefallen. Er ist immer ein Herr geblieben, ob
nach der hundertsten Zigarette, nach dem zwanzigsten Vier-
tel. Er war immer er selber. Ich hab ihn nie fluchen gehört,
nie ordinäre Witze, nie ein Schimpfwort. Also, er war ein fei-

ner Mann. Er war das, was der bäuerliche Herr war. Viele Akademiker sind ja Pfannenflicker gegen ihn. Und ich hab ja Leute gekannt: Der Rechtsanwalt Stern - das war ja auch jemand -, der war vom Wallnöfer fasziniert; der Bruno Kreisky, mit dem ich auch ein sehr gutes Verhältnis gehabt hab, war beim Tode vom Wallnöfer überaus berührt. Der Tod Wallnöfers ging dem Kreisky sehr, sehr nahe.

"Des isch wia bei oaner Wåsserleitung!"

"Mögen tät' ich beides, Fräulein, aber geben S' mir zerscht den Masten da!"

Für die Zerrederei und für die hundertfache Überlegung hat er nicht viel übrig gehabt. Er hat auf diese Art und Weise natürlich auch viele Sachen gemacht, die man heute nicht mehr machen würde, das ist keine Frage. Aber er hat sie alle gemacht, weil er zutiefst davon überzeugt war, daß Arbeitsplätze notwendig sind, und er war überzeugt davon, daß man nur leben kann, wenn produziert wird. Er hätte auch Wasserwerke gebaut noch und noch. Und er hätte sicherlich überall eine Straße hingebaut. Er wäre sicherlich nie zu haben gewesen für Rückbau von Straßen. Da hätte er gesagt: "Steidl, des isch wia bei oaner Wåsserleitung. Wenn man oben Wåsser einischittet und wenn man nåcher des enger måcht, nåcher kemmen sie nit durch. Wås willsch liaber håben, in Stau oder willsch liaber håben, daß flüssig weitergeaht."

36

Also, da hätte er doch keine Schwierigkeit gehabt, das zu lösen. Wenn's der Wallnöfer nicht mit dem Herz kapiert hat, dann hat es ihn nicht interessiert. Er hat also aus dem Herz heraus Politik gemacht, schon mit hohem Verstand, aber er hätte nicht Politik gemacht, die nicht im Herzen eine Antwort findet, um das recht gschmackig zu sagen.

"Du kriagsch Mehrheiten als wia beim Stalin!"

Erklärte Wallnöfer-Gegner hat es praktisch keine gegeben. Ich meine, Pflichtübungen der sozialistischen Partei wird es schon gegeben haben, aber die haben ihn nicht interessiert, schließlich hatte er 66 Prozent der Wählerstimmen. Er hat ja unappetitliche Mehrheiten gehabt. Ich hab ihm oft gesagt: "Du kriagsch Mehrheiten als wia beim Stalin!"

Ein Wahlergebnis unter 99 Prozent hätte ihn unglücklich gemacht. Also, da war der Kopf schon über den Wolken. Da war er schon sehr stolz darauf. Und ich weiß, ein Wahlergebnis mit 90 Prozent hätte er nicht ausgehalten. 99 komma 9, nicht? Ich hab immer gesagt:
"Es håbts Wåhlergebnisse wia der Hitler beim Ånschluß!"

"Då woaß man, daß des a Sozi ischt!"

Zu den Funktionären der Freiheitlichen Partei hat er ein - wie ich meine - gutes Verhältnis gehabt. Er hat immer einen Paradefreiheitlichen gehabt, der ihn geliebt hat: den Mader. Der Mader hat sicherlich nichts getan ohne Zustimmung des Wallnöfer. Der hat also immer müssen zur Berichterstattung, dafür hat der Wallnöfer ihn dann zum Zugspitzbahndirektor gemacht, den Freiheitlichen. Weltanschaulich hat er die Freiheitlichen nicht besonders mögen, aber er hat gewußt, daß die Freiheitlichen bürgerlich sind. Er hat sie wegen ihrer Taktik oft nicht sehr geschätzt, aber sie sind ihm natürlich

37

Jedem seinen Erzgegner – 'Walli' sieht beim Landwirtschaftsminister oft 'rot'

viel näher gestanden als die Sozi. Die Freiheitlichen sind ihm auch näher gestanden als der ÖAAB. Er hat auch einen Sozi letztlich geschätzt, weil er gesagt hat:

"Då woaß man, daß des a Sozi ischt!"

Der AAB, also das waren für ihn schon Leute der Volkspartei, aber sicherlich war der Arbeiter- und Angestelltenbund für ihn nicht aus der sozialen Komponente heraus maßgebend, weil sozialer war er dreimal soviel als die ganzen AAB-Funktionäre miteinander. Er hat mit dieser Philosophie des Neides, der hin und wieder aufgetaucht ist, nichts anfangen können. Das Nurmehr-Denken in Lohnhöhen und Gehaltsstufen und so, diese kleinliche Welt, die hat er nicht wollen.

"Fiala! Zåhl du des!"

Ich glaube, Wallnöfers Schwäche, oder sagen wir Schwäche und Stärke zugleich, war die Geselligkeit. Politisch war es eine Stärke, wenn man so will. Sie war natürlich aber auch eine Schwäche, weil der Wallnöfer hat ohne weiteres einen Botschafter auch sechs Stunden warten lassen, nur weil er im Stiegl gehockt ist. Natürlich war er dann da, und alles. Aber seine Schwäche war sicher die Geselligkeit, und - wenn man will - der Wein und das Wirtshaus. Das waren seine Schwächen. Aber er hat halt einfach den Kontakt zu den

38

Leuten wollen. Und sein Körper und das Geld, das war für ihn wirklich wurscht. Zum Geld hat er keine Beziehung gehabt. Oft hat er gesagt:

"Fiala! Zåhl du des!"

Ob er einen Tausender Trinkgeld gegeben hat oder einen Hunderter, das war ihm auch wurscht. Da hat er keine Beziehung dazu gehabt.

Aber seine wirkliche Schwäche, das war - nach meinem Gefühl - eine gewisse Leichtgläubigkeit. Da haben sich oft Leute an ihn herangemacht, wo ich mir gedacht hab, es wäre eigentlich feiner, wenn das nicht passieren würde. Aber möglicherweise hat er dann auch gewußt, wie er dran ist. Er hat sich weit vorgewagt im Volk.

Aber er war auch in diesen Situationen immer Landeshauptmann von Tirol.

"Woasch du an bessern?"

Seinen Nachfolger als Landeshauptmann, den Alois Partl hat er übrigens noch selbst mitbestimmt. Er hat mir gesagt: "Woasch du an bessern?" Weil ich hab einmal zu ihm gesagt: "Wer kimmt'n ietz då nåch dir?" Dann sind wir die Namen durchgegangen, und beim Partl hat er gesagt: "Woasch du an bessern?"

Er hat nicht gesagt, der Partl sei der Größte, aber er hat gesagt:

"Woasch du an bessern?"

Das hat er mir gesagt, dafür kann ich mich verbürgen. Mit dem Partl hat er sich auch gut verstanden. Er hätte aber auch gern den Arnold gehabt, doch den hat er nicht durchgesetzt, der war zu jung. Der Partl war dem Walli gegenüber loyal, der Partl war ein treuer Diener seines Herrn, das muß man so sehen. Der Wallnöfer hätte das aber - glaube ich - auch nicht geduldet. Man darf also ja nicht glauben, daß der Wallnöfer Illoyalität geduldet hätte.

"Miar geaht's sehr guat im Ozon!"

Er hätte sicherlich auch diese Konzessionen an den Zeitgeist nicht gemacht, in der Form, wie es heute passiert. Zu diesen Ozon-Narreteien hat er nur gesagt:

"Miar geaht's sehr guat im Ozon! Woasch no, då håt ma friher gsågt, ozonreiche Luft isch gsund fir die Leit." Das war ihm kein Anliegen.

Er hat das Land Tirol, wenn du willst, so gesehen wie einen großen Hof. Und er hat gewußt, wenn das Feld dort nicht gedüngt ist, dann ist der Gesamthof gestört. Er hat da eine ungeheuer praktische Auffassung gehabt zu den Dingen. Und das hat ihm auch eine ungeheure Stärke gegeben.

"Du muasch den französischen Orden außertian!"

Wallnöfer hat keine Berührungsängste gehabt. Er war nicht linkisch und er war auch nicht anhappig freundlich. Er hat nicht gesagt: "Ich umarme das Land", oder so. Er war auch nicht kitschig.

Ich hab ihn einmal gefragt:

"Du, wås isch eigentlich mit'm Bethouard?"

Der Bethouard war ja der Kaiser der Franzosen in Innsbruck, der Kommandant der französischen Besatzungstruppen. Und da hat er - da war er schon gut aufgelegt - gesagt:

"Wenn der Bethouard stirbt, dånn weard då nåch Paris ein Schitzenregiment fåhrn und eine Musikkapelle ... nein, zwei Musikkapellen ... drei Musikkapellen ... Weil der Bethouard håt sich das gewunschen, und des hån i dem Bethouard auch versprochen!"

Es wurden also immer mehr Musikkapellen, und die hat er dann alle nach Paris geschickt. Und da hat er gesagt:

"Steidl! Då fåhrsch du mit!"

Die Reise nach Paris bleibt mir ewig unvergeßlich. Wir waren also am Flughafen draußen, dann kam eine Privat-

40

maschine von Swarovski aus München, weil der Swarovski ist auch zu dem Begräbnis gefahren, weil die dem Bethouard sehr viel verdankt haben. Und wir hätten mit dem Swarovski in seiner Privatmaschine mitfliegen können. Und dann hat der Wallnöfer gesagt: "Na, der Botschafter holt uns åb!" Und ich glaube auch, daß er gar nicht wollen hat mit der Industriebetriebsmaschine mitfliegen.

Und dann sind wir also mit einer normalen Linien-Maschine - selbstverständlich Touristen-Klasse - nach Paris geflogen, und da hat er als Gepäck lediglich eine Aktentasche mitgehabt. Ich hab mir noch gedacht, was wird er denn da wohl mithaben. Es war also folgendes drinnen: Rasierzeug, eine Pfoad und so einen Sack mit ein paar Fettflecken drauf, und da hat er auch Wein gehabt. Ich hab immer so neugierig geschaut, wenn er den Aktenkoffer öffnete.

Der Botschafter ist uns dann abholen gekommen. Ich hab mich dann verabschiedet - ich bin zu Freunden gegangen -, und er ist mit dem Botschafter noch ein wenig zusammengeblieben. Am nächsten Tag war Zusammenkunft am Invalidendom. Dann hat der Wallnöfer zum Hofrat Unterholzner gesagt: "Unterholzner! Du muasch ietz den französischen Orden außertian!"

Dann hat der Unterholzner aus Wallnöfers Tasche, aus dem Sack mit den Fettflecken, den höchsten Orden Frankreichs herausgeholt, den "Commandeur" der Ehrenlegion - das war der Wallnöfer -, und hat ihn dem Edl umgehängt.

"Um a drei kimmt der Rothschild!"

Die Schützen waren rechtzeitig da. Und mit den Schützenoffizieren ist man dann in die Botschaft zum Essen gegangen. Dort ist Gösser-Bier ausgeschenkt worden, dazu hat's Würsteln gegeben. Und da hat er zu mir gesagt: "Steidl! Um a drei kimmt der Rothschild!" Ich hab gefragt: "Welcher Rothschild?"

"Jå, *der* Rothschild hålt!"

Dann ist um drei ein Bentley vorgefahren, und es ist der Baron Rothschild gekommen.

"Wia geaht's, Herr Baron?" Und die beiden waren ein Herz und eine Seele.

Es gab einfach keine Berührungsängste. Also, ob das der Swarovski war, oder der Bruno Kreisky und und und ... Der alte Stern ist ja zerschmolzen, wenn er den Wallnöfer gesehen hat. Er hatte einfach einen ganz großen Charme, einen riesigen Charme, einen ungeheuren Charme. Und er war auch fröhlich ...

Also ich glaube nicht, daß Tirol viele solche Leute hervorgebracht hat. Und es ist ja ganz selten, daß ein ganzes Land hinter einem Politiker steht, das ist ein Phänomen. Und ich sage es noch einmal: Ich vermisse ihn sehr!

Benedikt Wallnöfer

Er war ein guter Vater!

Wenn man heute auf Eduard Wallnöfers Hof in Barwies Nr. 247 kommt, so stellt man bald fest, daß sich seit seinem Ableben nicht viel verändert hat. Der Hof wird nach wie vor von seinem Sohn Benedikt bewirtschaftet. Dieser empfängt uns mit offenen Armen und führt uns in jene Stube, in der auch schon sein legendärer Vater alle seine Gäste empfing. Noch immer wird der Raum vom Kachelofen dominiert, davor die hölzerne Sitzbank und im Herrgottswinkel das Kruzifix. An den Wänden hängen Ehrenurkunden des Landes, des Bauernbundes und vieler Gemeinden, sowie ein Porträt von Eduard Wallnöfer. Die Wände sind das einzige, an dem man erkennen kann, daß dies das Zuhause des ehemaligen Landeshauptmanns von Tirol war. Ansonsten ist alles so bescheiden geblieben, wie er es wohl immer wollte. Es ist schon ein seltsames Gefühl, wenn man dem am Boden liegenden Dackel "Prinz" über den Rücken streichelt, der "Prinz", den Eduard Wallnöfer zu seinem 65. Geburtstag im Jahr 1978 von seinen Sekretären und Bürokräften geschenkt bekam.

ganz links:
Benedikt
Wallnöfer

Uns gegenüber sitzt Benedikt Wallnöfer und erinnert sich für uns an seinen Vater. Als dieser am 13. Juli 1963 Landeshauptmann wurde, so erzählt Benedikt, habe dem Vater das eine Woche lang Kopfzerbrechen bereitet. Er habe Angst gehabt vor dieser großen Aufgabe, des Nachts habe er nicht mehr schlafen können. Aber weil es alle wollten, habe er es schließlich angenommen und habe den Beruf dann ja auch 24 Jahre lang gut gemacht:

Ihm war es ein Anliegen, daß man den armen Leuten im Land ein bißchen helfen kann. Er hat ein soziales Verständnis gehabt, wie ich im Leben inzwischen keines mehr erfahren habe.

Und dann spricht Benedikt Wallnöfer von "seinem Vater":
In der Familie war er ein strenger, aber ein guter Vater. Ich habe im Leben nie von ihm eine Watsche gekriegt, aber er hat mich nur anschauen müssen, dann hab ich gewußt, was los ist. Er hat also zeit seines Lebens in erster Linie auf seine Frau, uns Kinder und den Betrieb geschaut. Er hat immer gesagt: "I muaß amål zerscht dahuam an Ordnung håben, dånn kånn i erscht fir die Öffentlichkeit eppes tian." Das war sein Credo!

Er selber hat am Hof klarerweise nicht mehr viel tun können. Aber wenn man ihn brauchte, dann war er immer da.

Er hat eine gute Frau gehabt, unsere Mutter war ein seelenguter Mensch, die mehr verschenkt hat, als sie selbst gehabt hat. Sie ist oft jahrelang mit dem gleichen Kittel herumgesprungen, aber wenn ein armer Teufel gekommen ist, dann hat sie hundert Schilling oder einen Butter-Wecken oder ein paar Eier immer für ihn übrig gehabt.

44

Gefreut hat ihn in erster Linie die Landwirtschaft. Da wäre ihm nichts zu teuer oder zu viel gewesen, sei es der Kauf einer Maschine, eines Feldes oder eine andere Investition. Eine gut funktionierende Landwirtschaft, das war für ihn einfach das Um und Auf. "In guten Zeiten", so hat er immer gesagt, "ist der Bauer nie reich geworden, in armen Zeiten ist er auch nie verhungert".

Auf seine politische Aufgabe und seine unwahrscheinlich große Verantwortung hat er sich nichts eingebildet. Er war sich seiner Aufgaben sicher bewußt, hat sie aber in aller Bescheidenheit ausgeführt. Geld hat für ihn eigentlich nie eine Rolle gespielt,

Frau Luise Wallnöfer

weil er vom Geld nichts verstanden hat. "Das Geld, das man notwendig braucht", hat er gesagt, "das muß man auf die Welt bringen". Später hat er dann gesagt, umsonst könne er die Arbeit auch nicht machen, von einem Gehalt müsse er leben können, aber alles andere brauche er nicht. Er hat viel Geld in seinem Leben der Öffentlichkeit und verschiedenen Sozialfonds zur Verfügung gestellt. Reich geworden ist er mit seiner Arbeit nicht, das kann man hier am Hof auch sehen.

Stolz ist Benedikt Wallnöfer heute vor allem darauf, daß sein Vater auch nach seinem Tod in keiner Zeitung oder sonstwo eine üble Nachrede gehabt hat, sondern - im Gegenteil - überall hoch geschätzt werde. Er sagt aber auch, sein Vater sei eigentlich ein armer Teufel gewesen. Schon am frühen Morgen seien oft Bittsteller in der Stuben gesessen.

Und auch wenn er kein Geld gehabt hat, 500 Schilling haben doch her müssen.

Benedikt Wallnöfer erinnert sich während unseres Gespräches auch an seine eigene Kindheit:
    Am Wochenende nahm der Vater oft uns Kinder - den Nachbarsbub und mich - mit zu verschiedenen Veranstaltungen. Und meistens ist er noch ein bißchen hockengeblieben, oft auch bis spät in die Nacht. Wir haben uns oft schon nicht mehr zu helfen gewußt, so spät ist es schon gewesen. Meistens haben wir ihn dann gebettelt, daß wir endlich heimfahren. Und heimwärts im Auto mußten wir ihm dann immer noch ein Lied vorsingen, und das Lied hat geheißen "Ach Himmel, es ist verspielt!" Und dieses Lied haben wir dann halt gesungen.

Benedikt Wallnöfer ist überzeugt davon, daß sein Vater auch ein "großer Europäer" war. Auch heute in der EG-Frage hätte er - wenn er noch leben würde - etwas für den europäischen Gedanken übrig. Benedikt Wallnöfer ist aber auch davon überzeugt, daß sein Vater in der EG-Diskussion "ein beinharter Verhandler" wäre, denn zuerst "war er immer Tiroler und Bauer".
*   Das wichtigste war ihm der Stall. Jeden Tag sei er morgens und abends in den Stall gegangen und habe nach dem rechten geschaut. Und nach der spätabendlichen oder meist nächtlichen "Stallvisite" sei er dann immer noch in der Stube gesessen und habe eine - von seiner Frau vorbereitete - Brennsuppe zu sich genommen, bevor er zu Bett ging. Benedikt Wallnöfer sagt, ohne vorher in den Stall zu gehen, habe er nie den Hof verlassen können. Und daß er oft natürlich ein wenig nach Stall gestunken habe, das sei ihm auch egal gewesen, sagt Benedikt:*
    Ich habe mir oft gedacht, was werden sich da die Leute denken, aber ihm ist das ganz gleich gewesen! Da war er sehr unkompliziert.

*Zu Eduard Wallnö-
fers Selbstverständnis
als Bauer erzählt uns
Benedikt Wallnöfer
auch von seiner Liebe
zu den Schweinen:*

Facken hat er haben
müssen. Er hat größten
Wert darauf gelegt, daß
kein Bröckchen Brot
und kein Tropfen Milch
verloren geht: "I woaß, es isch bei die Fåcken an ewigs Auf
und Åb, oamål sein se mehr wert, dånn wieder wianiger, åber
a Bauer ohne Fåcken isch fir mi koa Bauer!"

*"Musik,
Schützen und
Feuerwehr –
ohne die drei
hätte er gar
nicht regieren
können …"*

Vom Vieh hat er überhaupt viel verstanden, er war ein unwahrscheinlich guter Viehkenner. Und von den guten Stieren im
ganzen Land hat er die Nummern alle auswendig gekannt, und
zwar nicht nur die Hauptbuchnummern, sondern er hat auch
zu jeder Nummer genau gewußt, ob es ein dunkler oder heller
Stier ist, ob er den Fehler oder diesen Vorteil hat. Das hat er
alles im Kopf gehabt, er hat dazu keinen Zettel gebraucht. Wenn
er typisieren gegangen ist, so wie das früher war, wenn er in
den Gemeinden das Vieh beurteilt hat, so hat er auf den ersten
Blick gewußt, ob's ein 1er-Kalbele, ein 2er oder ein 3er ist.
Innerhalb einer Sekunde war das erledigt.

Einmal erinnere ich mich, da hat er nach dem Krieg eine
Kuh aus der Schweiz gekauft, es soll eine der schönsten Kühe
gewesen sein, die in Westeuropa zu haben war, und die Kuh
war sauteuer. Und diese Kuh ist aber dann nach einigen
Monaten eingegangen, weil ihr durch Tbc die Lunge zusam-
mengefallen ist. Und ab da hat er mir zeit seines Leben erklärt:
"Bua, tua ma jå koane tuiren Kiah kaufen, weil då kannt ma
auhausn!"

*Und dann spricht Benedikt Wallnöfer von den drei Lieb-
lingsthemen seines Vaters:*

47

Musik, Schützen und Feuerwehr, das war natürlich sein Steckenpferd, ohne die drei - so meine ich - hätte er gar nicht regieren können. In seiner Jugend in Oberhofen war er ja selbst bei der Musikkapelle und hat den Baß geblasen. Gehör hat er nicht das beste gehabt, aber bei der Musik ist er gern gewesen, weil da ist man ein bißchen rausgekommen, auf Ausflüge und so. Daheim hat er zu seiner Jugendzeit ja nichts gehabt. Sein größtes Elend war aber, wenn seine Musikerkollegen ins Gasthaus gingen, um ein Bier zu trinken, und er konnte nicht mit, weil er nicht das Geld dazu hatte. "I hån miaßen Stall ånschaugen giahn, weil i's Geld nit ghåbt håb fir's Bier!", so hat er oft gesagt.

Wie sie die Kaiserjäger-Musik gegründet haben, da war er voll begeistert. Schon aus dem Grund, weil er immer gesagt hat, das sei nun die beste Musikschule für die künftigen Kapellmeister. Und ein bißchen eine Verbundenheit mit der ganzen Monarchie hat er sowieso gehabt, über den Kaiser hat er nie etwas kommen lassen.

Uns hat er immer empfohlen, daß man sich politisch nicht zu sehr engagieren sollte, das wäre nicht allzu gescheit. Es sei eine harte Arbeit und es gebe viel mehr harte als schöne Stunden, so hat er oft gesagt.

"… pünktlich beim Bischof"

Robert Fiala

Eduard Wallnöfer – ein außergewöhnlicher Mensch, ein Politiker mit Charme

Daten, Taten und Erfolgsbilanzen allein machen noch keine Persönlichkeit; es sind die Fähigkeiten und die Ausstrahlung, nicht so sehr erlernt, eher angeboren, die Menschen unvergessen machen. Eduard Wallnöfer war diese Persönlichkeit. Er ging zwar immer einen offenen Weg, sein Inneres war aber nur für wenige zu erkennen. Ihn beschreiben kann nur jemand, der hinter die Kulissen eines Landeshauptmann-Alltages blicken konnte. "Sein" Parteisekretär Dr. Robert Fiala kannte ihn, als politischer Begleiter rund um die Uhr und als Freund. "Rob" Fiala wurde 1962 von Landeshauptmann Dr. Hans Tschiggfrey als damals jüngster Parteisekretär in die Tiroler ÖVP geholt und bestritt als der am längsten Dienende noch mit Alois Partl die Landtagswahl 1989. Dazwischen aber war er durch mehr als 25 Jahre lang

Mit Robert
Fiala
*fast Tag und Nacht der Begleiter von Eduard Wallnöfer. Seine
Erinnerungen und Anekdoten zeigen den Mensch und Politiker Wallnöfer, kurz, prägnant, mit Herz und offen, wie es
eben immer die Art des Parteisekretärs war, dem nicht wenige zugestehen, selbst eine Persönlichkeit zu sein.*

Immer schnellebiger wird unsere Zeit, Namen werden vergessen, auch wenn sie in der Nomenklatur ganz oben standen.
Wallnöfer war schon zu Lebzeiten eine Legende! Es waren
seine Art, sein unverkennbarer Stil, sein Auftreten. Nicht
nur zwischen Kufstein und Scharnitz lag der Gradmesser seiner Beliebtheit, sie wußten und wissen selbst in Wien genau
- nicht nur die Regierung -, wer der Wallnöfer aus Tirol war,
und mochten ihn.

52

Wallnöfer war ein Herr, er war jener Tiroler, der oft mit seinen Eigenschaften wie Offenheit, Ehrlichkeit, Toleranz hochstilisiert, aber nur selten erreicht wird. Er war überaus begabt und wußte seine Fähigkeiten im harten politischen Alltag umzusetzen. Seine Erfahrungen aus einer nicht leichten Zeit prägten ihn: Er blieb immer bescheiden, für ihn zählten die inneren Werte. Rechtschaffenheit war seine Maxime, und was mit Handschlag beschlossen und bestätigt wurde, hielt ohne Wenn und Aber. Die Leute konnten sich - politisch oder privat - darauf verlassen, daß der Landeshauptmann zu seinem Wort steht.

Wallnöfer wußte, was er wollte, er hatte die Gabe, sofort das Wesentliche zu erkennen und dieses Ziel dann konsequent zu verfolgen. Das war auch seine politische Stärke: Vorteile und Notwendigkeiten für Tirol zu erkennen und die Entschlußkraft, dafür einzutreten und das Vorhaben durchzuziehen. Da zeigte er auf dem politischen Parkett auch sein diplomatisches Geschick: Mit Beredsamkeit und einem, ihm eigenen Charme konnte er auch die politischen Gegner überzeugen, selbst in Wien war seine Persönlichkeit ein "Bonus" für Tirol.

Wallnöfer war ein Symbol des kraftvollen, überlegten aber dennoch dynamischen Tirolers. In seiner Nähe hatte man das Gefühl der Geborgenheit und des Friedens. Hast kannte er nicht und auch nicht das Wort Streß. In jeder Situation bewahrte Wallnöfer die Ruhe. So nahm er auch Verspätungen in Kauf; Termine, die man für ihn machte, wurden fast immer umgestoßen. Mit seinem "Zeitmanagement" war er sehr großzügig, er traf ja unterwegs immer Leute, die etwas von ihm wollten. Nur einen ließ er niemals warten, den Bischof. Und trotz des harten Politiker-Alltags (zwischen 8 und 9 Uhr 30 war er stets in seinem Landhausbüro, das er kaum vor 19 Uhr verließ) war ihm das Familienleben überaus wichtig: Er ließ sich jeden Tag nach Barwies bringen, um im Kreis seiner Familie zu sein.

Als Politiker war er ein Mann der politischen Kultur: Er wurde nie ausfallend, nie hat er sich vergessen. Für ihn war

Tirol nicht nur die älteste Festlanddemokratie, er praktizierte sie. Sein Respekt galt auch dem politischen Gegner. Mehrfach konnte er im Tiroler Landtag mit einer Zweidrittel-Mehrheit der VP regieren, nie aber hat er diese Mehrheit politisch mißbraucht. Jene Erfolge, die er hatte, sah er immer als Ergebnis gemeinsamer - auch parteiübergreifender - Bemühungen. Es wäre gegen sein Naturell und seine persönliche Bescheidenheit gewesen, die Erfolge zu "personifizieren" und sich ein "Denkmal" zu setzen.

Es paßt in das aufrichtige Bild des Tiroler Landeshauptmannes, daß er Kartenspiele und schlechte Witze haßte. Das Gasthaus sah er in erster Linie als einen Ort der "Kommunikation". Hier hörte er, wie einst der Tiroler Herzog Friedrich mit der leeren Tasche, wo die Leute der Schuh drückt. Speziell am Land wußten die Leute, wann der "Walli" ins Gasthaus kommt. Dann kamen auch sie, um ihn zu treffen: Und er hörte ihnen zu. Dem Bauern genauso wie dem Handwerker oder Akademiker. Nicht selten blieb er bei Mitgliedern einer ihm zu Ehren angetretenen Musikkapelle oder Schützenkompanie stehen, um ihre Meinung einzuholen; immer wieder kam es vor, daß er seinen Chauffeur spontan den Wagen anhalten ließ, um z.B. kurz mit Arbeitern über den Fortschritt an einer Baustelle zu sprechen.

Wallnöfer war ungemein neugierig, was u.a. auch in seiner Gestik, dem fragend zur Seite geneigten Kopf zum Ausdruck kam. Alles hat ihn interessiert, er hat die Leute im positiven Sinn "ausgehorcht".

Meist hatte er zu den Themen seine eigene Meinung - ihn interessierten aber auch die Meinungen anderer, auch die

54

der Jugend. Anders in den politischen Gremien: Hier war es selten der Fall, daß er seine bereits gefaßte Meinung zu einem Themenkreis ändern mußte. Wenn es Probleme gab, hatte Wallnöfer die Gabe, daraus kein Problem zu machen. Nicht gelöst wurde allerdings das "Problem" der Diözesangrenzen. Sein Anliegen war es, sie den Landesgrenzen anzugleichen. Zu seinen größten Enttäuschungen zählte, daß dieses Ziel trotz grundsätzlicher Übereinstimmung und verschiedener Abmachungen nicht verwirklicht werden konnte. Einen Strich durch die "kirchlich-ländische Grenzbereinigung" machten einige Bischöfe, die bei der Abstimmung "umfielen". Seine größte Freude hingegen war, daß die Innsbrucker Hofkirche mit den Schwarzen Mandern aus dem Besitz des Bundes in den Besitz des Landes überging.

In der Geschichte der Tiroler Landeshauptleute nach dem Zweiten Weltkrieg kommen den 25 Jahren Wallnöfer ein besonderer Stellenwert zu. Nicht nur das Vierteljahrhundert Regierung, vor allem der Inhalt, die Substanz dieser Jahre berechtigen, von der Ära Wallnöfer zu sprechen. Es war die Zeit des Aufbaues, es ging darum, Tirol einen gesicherten Platz in der wirtschaftlich starken Nord-Süd-Achse zwischen Deutschland und Italien zu geben. Es ging darum, die Wirtschaft auf- und auszubauen, Arbeitsplätze zu schaffen. Aus dieser Perspektive und aus diesem Bickwinkel muß diese jüngere Nachkriegsgeschichte Tirols betrachtet und beurteilt werden. Heute vom "Zubetonieren" zu sprechen heißt, die Tiroler Situation der 50er, 60er und 70er Jahre nicht zu kennen - die konkrete Gefahr, daß Tirol umgangen und zu einem Notstandgebiet wird, abgekapselt von der internationalen Entwicklung.

Wallnöfer kannte Not und Armut. Die Sorge, daß das Land Tirol seiner Bevölkerung nicht genügend Existenz bieten könnte, zog sich wie ein roter Faden durch sein ganzes Leben. Er hatte stets ein offenes Ohr für die Anliegen seiner Mitmenschen; regelmäßig wanderten Geldbeträge aus seiner berühmt gewordenen "Privatschatulle" in die Brieftaschen von

in Not Geratenen, aber auch hoffnungsvollen Talenten. Geld war für ihn eine Nebensache, das besorgte die Chefsekretärin. Die Bezüge aus seinen Aufsichtsratsfunktionen (z.B. Brennerautobahn, TIWAG) sah er gar nie; sie flossen direkt dem Tiroler Hilfswerk zu. Wallnöfers Ziel hieß vielmehr: Arbeit für die Leute schaffen, Leben und Wohlstand in den Tälern; Fortschritt und sichere Existenz waren sein politisches Credo. In seine Ära fielen folglich auch die entscheidenden Weichenstellungen für den Tiroler Aufschwung: Nutzung der Wasserkraft für saubere Energie, Straßen- und Autobahnbau, Betriebsansiedlungen und Wohnungsbau. Ohne entsprechendes Verkehrsnetz wäre der Wirtschaftsaufschwung nicht möglich gewesen.

Wallnöfers "außenpolitisches Ziel" und wohl sein Herzensanliegen war die Wiedervereinigung Nord- und Südtirols. Sein Bekenntnis zu einem "Groß-Tirol" fand Niederschlag in der Präambel der Tiroler Landesverfassung: "… die geistige und kulturelle Einheit Tirols". Er gab sich aber keinen Illusionen hin und unterstützte als Realpolitiker die vielen kleinen Schritte seines Südtiroler Amtskollegen Silvius Magnago auf dem Weg zum Paketabschluß und zur Autonomiesicherung.

Zweifellos war es auch seinem Südtirol-Engagement zuzuschreiben, daß seine Politik auch überregionale Dimension zeigte - insbesondere mit der Arge Alp, der Arbeitsgemeinschaft der Alpenländer, in die selbstverständlich auch Südtirol miteinbezogen ist. In den 70er Jahren, der Zeit ihrer Gründung, von einigen noch belächelt und nicht richtig einzuordnen in die damaligen europäischen Strukturen, beweist sie heute den europäischen Weitblick von Eduard Wallnöfer. Am Vorabend des österreichischen EG-Beitritts und nach den Maastricht-Verträgen bekennen sich alle zu einem Europa der Regionen. Wallnöfer hat dieses Europa mit seiner "alpenländischen Zwölfergemeinschaft" vorexerziert. Wallnöfer war nicht nur Landeshauptmann Tirols, er zeigte sich auch als Europapolitiker von Format. Im Innenverhältnis konnte er das Gefühl vermitteln, für jeden da zu sein und die richtigen Entscheidungen zu treffen: Er war der Landesvater. Mit seinem politischen Instinkt und seiner Entschlußkraft muß man ihn auch als Staatsmann sehen, der mit der Nachkriegsgeschichte Tirols untrennbar verbunden ist und sie entscheidend prägte.

Alois Partl

Eduard Wallnöfer - ein Leben für Tirol

"Was wird wohl aus den Kindern werden?", hörte der damals sechsjährige Eduard Wallnöfer, als er mit seiner kleinen Schwester und seiner Mutter auf einem Leiterwagen sitzend die Südtiroler Heimat verlassen mußte. Sein Vater war im Krieg gefallen, ein ausgeblutetes und geteiltes Land, Armut und Auswandern in eine ungewisse Zukunft, das war das Los des ganz jungen Eduard Wallnöfer. Das harte Schicksal seiner Kindheit und Jugend hat Eduard Wallnöfer für sein ganzes Leben geprägt. Er wollte immer, daß andere Menschen dieses Schicksal nicht erleben müssen.

Den Menschen Arbeit und Verdienst in ihrer Heimat zu geben, die Geborgenheit in einer guten Familie und in einem sicheren Heimatland und eine gute Zeit für das Land, das zählte für ihn immer zu den wichtigsten Aufgaben in der Politik. Arbeitslosigkeit und materielle Not der Menschen durch eine gute Politik zu bekämpfen war stets sein oberstes Ziel. Er wollte immer den Menschen in allen Teilen des Landes Chancen für ihre wirtschaftliche Entwicklung und persönliche Entfaltung geben. Raumordnungs- und Entwicklungsprogramme, verbunden mit beträchtlichem Einsatz öffentlicher Mittel zur Gestaltung der Infrastruktur und zur Schaffung der Voraussetzungen für eine gute Entwicklung der wirtschaftlich benachteiligten Gebiete und vor allem seine ganze Überzeugungskraft waren die wichtigsten politischen Instrumente dazu.

So hat Eduard Wallnöfer entscheidend dazu beigetragen, daß Tirol eine ausgewogene wirtschaftliche Entwicklung, ja in weiten Teilen des Landes eine wirtschaftliche Blüte mit bescheidenem Wohlstand erfuhr. Ich bezeichne ihn oft und gerne als einen Baumeister unseres heutigen Tirols. Er schuf in seiner Zeit über das ganze Land Bildungs- und Ausbildungsstätten für die jungen Menschen, er sorgte für ein ausreichendes Verkehrsnetz, insbesondere in den peripheren Gebieten, und er half mit, Arbeitsplätze im ganzen Land zu schaffen. Besonders lag ihm dabei die Kombination von Land- und Forstwirtschaft und Tourismus in den dafür geeigneten Regionen an. Durch die Förde-

rung von Industrie und Gewerbe sowie Dienstleistungseinrichtungen und ganz besonders auch durch die Wohnbauförderung schuf er die Voraussetzungen für eine gute Existenz und Lebensqualität der Menschen überall im Lande.

Eduard Wallnöfer zeigte sich zwar manchmal in einer etwas rauhen Schale, aber er hatte ein gütiges Herz und eine besonders ausgeprägte soziale Gesinnung. Um Menschen, die unverschuldet in Not geraten waren, zu helfen, setzte er persönlich alles in Bewegung. So ist der Landesunterstützungsfonds für tragische Unglücke und schwierige Situationen, mit denen in echten Härtefällen rasch und wirksam geholfen werden kann, seine Schöpfung.

Eduard Wallnöfer war ein gläubiger Mensch mit einer tiefen christlichen Lebenshaltung, mit einer hohen Achtung vor

Eduard Wallnöfer und Alois Partl

der Schöpfung, mit einer großen Freude an der Arbeit mit dem Leben in der Landwirtschaft und einer positiven Einstellung für eine ausgewogene Harmonie zwischen Natur- und Kulturlandschaft. Er war ein viel größerer Freund, Schützer und Pfleger der Umwelt und der Natur, als es manchmal durch die Tagespolitik den Anschein hatte. Langfristige Zielsetzungen waren ihm besonders angelegen, damit auch die Jugend von morgen und übermorgen ein gutes Land und eine schöne Heimat haben soll.

Die Trennung des Landes nach dem Ersten Weltkrieg empfand er immer besonders schmerzlich. Die Stärkung der Eigenständigkeit unserer Landsleute in Südtirol durch eine weitgehende Autonomie zählten in seiner ganzen Regierungstätigkeit zu den wichtigsten Anliegen. So wurden auch in seiner Zeit intensivste Verhandlungen für das Südtirolpaket geführt, das in wichtigen Phasen von der österreichischen Seite her seine Handschrift trägt.

Das Wissen um den Wert einer guten Nachbarschaftspolitik führte zur Gründung der Arbeitsgemeinschaft Alpenländer, einem europäischen Beispiel grenzüberschreitender regionaler Zusammenarbeit.

Wenn es darum ging, die politische Generallinie und die Rangordnung der Werte und Maßnahmen in der Landespolitik festzulegen, war er stets bemüht, alle positiven politischen Kräfte zu mobilisieren. Von Zeit zu Zeit, so nach der Tagesarbeit, besprachen wir an späten Abenden die Zielsetzungen für die mittel- und langfristige Politik und den dafür einzuschlagenden Weg. Es genügten die groben Konturen, dann arbeitete jeder von uns in seinem Verantwortungsbereich konsequent an der Umsetzung dieser Ziele.

Der Wertewandel in der Gesellschaft und die Veränderungen in den politischen Strukturen beschäftigten ihn in den letzten Jahren seiner politischen Tätigkeit sehr, denn manches stimmte mit seiner stark ausgeprägten Auffassung vom Zusammenleben der Menschen nicht mehr ganz überein. In den 38 Jahren seiner Mitgliedschaft in der Tiroler Landesregierung und in den 24 Jahren als Landeshauptmann haben sich doch spürbare Veränderungen in der Gesellschaft ergeben.

Nach den Landtagswahlen im Jahre 1970 bildete Landeshauptmann Eduard Wallnöfer die Landesregierung um. Er ließ mich einmal spät am Abend suchen und zu sich kommen. Nach einem kurzen Gruß sagte er: "Partl, du mußt jetzt in die Landesregierung." Auf meine Frage, warum ich denn meine geliebte Aufgabe als Kammeramtsdirektor der Landeslandwirtschaftskammer (und damit auch österreichweit in die Interessenvertretung und Förderung zur Verbesserung der Lebensbedingungen der Menschen in den ländlichen Gebieten eingebunden) jetzt die Aufgaben wechseln und in die Landesregierung eintreten soll, antwortete er kurz und schmunzelnd: "Ja, Partl, erstens, weil ich dich in der Regierung brauche, und zweitens, weil es morgen schon in der Zeitung steht." Bei einem Glas Wein besprachen wir dann die Verteilung der Aufgaben und Verantwortung sowie die Kooperation im künftigen Regierungsteam. Was wir damals an diesem Abend ausgemacht haben, hat die ganze Zeit bis zu seinem Tode gegolten: volles gegenseitiges Vertrauen, harmonische Zusammenarbeit, ganzer Einsatz für das Land und seine Menschen. Eduard Wallnöfer war nicht nur ein großer Tiroler, er ist selbst zu einem Stück der Tiroler Geschichte und des Tiroler Bewußtseins geworden.

Silvius Magnago

Ein gutes Stück gemeinsamen Weges

Dem Landeshauptmann Eduard Wallnöfer war das Schicksal Tirols, die unrechtmäßige Trennung des durch Jahrhunderte zusammengehörenden Landes in drei Teile, zu einem ganz persönlichen Schicksal geworden. Im Vintschgau geboren, und zwar in Schluderns, im Oberinntal aufgewachsen und im nördlichen Teil Tirols zum Politiker und Landesvater geworden, vereinte Eduard Wallnöfer wieder Tirol. Landeshauptmann Wallnöfer stellte somit ein Symbol für die Einheit Tirols dar. Unerschütterlich in seinem gesamttirolerischen Denken, von einer überzeugenden geistigen Haltung und dem bäuerlichen Wesen wie kaum ein anderer Tiroler Politiker fest verbunden, war er auch in Südtirol zum Inbegriff eines verantwortungsbewußten Politikers geworden.

Das Tirol südlich des Brenners verdankte Eduard Wallnöfer sehr viel. In Innsbruck, in Wien und bei allen Südtirol-Besprechungen und -Verhandlungen hatte er maßgeblich dazu beigetragen, daß wir mit Hilfe Österreichs am Ende der 60er Jahre jene Autonomie erhalten haben, die als "Paket"

in die Geschichte eingegangen ist. Es gab keine Neujahrs-
botschaft, keine Haushaltserklärung im Tiroler Landtag, in
der Landeshauptmann Wallnöfer nicht auch zur politischen
Situation im südlichen Teil Tirols Stellung genommen hatte,
sachlich, überzeugend, politisch ausgewogen, aber auch harte
Tatsachen unerschrocken aufzeigend, wenn es die Umstände erforderten.

Wir Südtiroler hatten in ihm einen treuen politischen Für-
sprecher, einen unermüdlichen Anwalt in unseren Sorgen
und Schwierigkeiten. Einmal waren es die Familien der ehemaligen politischen Häftlinge, denen Landeshauptmann
Wallnöfer durch eine Hilfsaktion über die schwierige Zeit
hinweggeholfen hatte, ein anderes Mal waren es durch Natur-
katastrophen schwer getroffene Bergbauern, denen Landeshauptmann Wallnöfer ohne viel Aufhebens geholfen hatte.

Neben dem alljährlichen Treffen der beiden Landtage Tirol
und Südtirol, für die sich Eduard Wallnöfer so eingesetzt
hatte, gäbe es heute wahrscheinlich auch keine Arbeitsgemeinschaft der Alpenländer, wenn der Verstorbene nicht
damals im Jahre 1972 dazu die Initiative ergriffen hätte, und
zwar in Mösern in Tirol. Wir in Südtirol waren an dieser
Entweiterung des alpenländischen Erfahrungsaustausches
und der grenzüberschreitenden Zusammenarbeit besonders
interessiert. Für Südtirol war es anfangs der 70er Jahre, als
zahlreiche Zuständigkeiten, die wir dank des neuen Autono-
miestatutes erhalten hatten und allmählich übertragen wurden, besonders nützlich, mit den nördlichen und südlichen
Nachbarländern und Regionen Kontakte zu knüpfen und die
auftretenden Probleme besprechen und gemeinsam bewälti-
gen zu können. Mit der Initiative zur Schaffung der Arge Alp
hatte Landeshauptmann Wallnöfer eine große außenpolitische
Umsicht bewiesen, die heute über die Grenzen Tirols hinaus
den Alpenländern und ihrer Bevölkerung zugute kommt.

Der Kreis seines erfüllten Lebens hatte sich am 15. März
1989 geschlossen. Er gehörte dem Tiroler Landtag von 1949
bis 1987 an und leitete die Geschicke Tirols ab 1963 fast 24

Jahre lang. In Trauer, aber auch in tiefer, inniger Dankbarkeit denken wir an ihn. Die Sorgen und Probleme seiner Landsleute in ganz Tirol hat er zu seinen eigenen gemacht; tief verwurzelt in den bewährten, immer gültigen Grundwerten der Rechtschaffenheit, Ehrlichkeit, der christlichen Nächstenliebe, der demokratischen Toleranz hatte er mit einer aufgeschlossenen, fortschrittlichen Politik maßgeblich dazu beigetragen, Tirol aus den großen wirtschaftlichen und sozialen Schwierigkeiten der Nachkriegszeit herauszuführen, in allen Bereichen zum Erblühen gebracht, damit die Tiroler in einer lebenswerten Heimat Arbeit und Brot finden konnten. Immer war für ihn der Mensch das Maß, der einzelne in der Geborgenheit einer gesunden Familie, der freie Mensch in einer freien Gemeinschaft. Unzählige Menschen diesseits und jenseits des Brenners werden sich gerade heute noch daran erinnern, in persönlicher Not Hilfe und Rat von Eduard Wallnöfer erhalten zu haben. Er war allen ein gütiger Landesvater, hatte sich immer mit Geduld und Offenherzigkeit der Anliegen und Probleme seiner Landeskinder angenommen. Wie der Arzt am Ton des Herzens die Gesundheit des Menschen abhorcht, so bemühte er sich, in sein Volk hineinzuhorchen, es abzuhören, um seine Sorgen zu erfahren, rechtzeitig zu erkennen, wo Krankheiten und Gefahren drohten. Das hatte zwischen ihm und seinen Landsleuten ein enges Vertrauensverhältnis aufgebaut, das hatte ihn zum anerkannten und allseits verehrten Landesvater gemacht.

Stets trat Eduard Wallnöfer für die Einheit Tirols ein. Sein Einsatz für Südtirol stand immer im Vordergrund, bei allen seinen Entscheidungen hatte er seine Gedanken auch auf

64

Südtirol gerichtet, im steten Bestreben, die trennende Staatsgrenze immer weniger spürbar zu machen. Besonders auch in Wien hatte er das Gewicht des Bundeslandes Tirol und sein eigenes Gewicht als geschätzter und allseits anerkannter Landeshauptmann für die Belange Südtirols geltend gemacht. Er strebte eine friedliche Lösung an, eine Überwindung der schmerzlichen Grenze innerhalb des Landes, in der Erwartung und Überzeugung, daß diese Grenzen letztendlich bedeutungslos und nicht mehr spürbar sein werden.

Ich erinnere mich noch an seine innere Bewegtheit, seine echt gefühlte Freude und Begeisterung, mit welcher er den großartigen Landesfestzug in Innsbruck anläßlich des Tiroler Gedenkjahres 1984 mitverfolgt hatte; es war ein beeindruckendes Bild der kulturellen Einheit Tirols, es war aber auch gleichzeitig ein sichtbarer Ausdruck seiner jahrzehntelangen erfolgreichen Bemühungen, uns Südtiroler im Ringen um Eigenständigkeit und um die Erhaltung unserer tirolerischen Identität mit Rat und Tat zu unterstützen.

Ich hatte es immer als ein besonderes Glück empfunden, in der Person Eduard Wallnöfers einen so aufgeschlossenen, verständnisvollen und aufrichtigen Freund an meiner und unserer Seite zu haben. Ein gutes Stück unseres politischen Lebensweges sind wir gemeinsam gegangen.

Wir wollen ihn immer in treuer, ehrender Erinnerung behalten und versuchen, seinem Auftrag gerecht zu werden: Jeder soll auf seinem Platz ein Stück Tirol bauen!

Ein herzliches Vergelt's Gott namens der Südtirolerinnen und Südtiroler.

Emmerich Steinwender

Pontlatz-Adler und Maximilian-kreuz

Landeshauptmann Wallnöfer habe ich vorerst nur im Zuge meiner beruflichen Laufbahn kennengelernt. Als Tiroler Schütze bin ich Wallnöfer erstmals beim Regimentsschützenfest im Jahre 1970 in Berwang begegnet. Und damals bin ich für mich draufgekommen, daß Wallnöfer eine ganz starke Persönlichkeit war, der eigentlich all das, was er gesagt hat, auch im Leben vertreten hat, und daher war er für mich all die Jahre eine Art Leit- oder Symbolfigur für Tirol. Landeshauptmann Wallnöfer war seit 1964 Ehrenkommandant des Bundes der Tiroler Schützenkompanien, im Rang eines Schützenmajors. Er war Ehrenmitglied des Südtiroler Schützenbundes und des Bundes der bayrischen Gebirgsschützenkompanien, wie auch Ehrenmajor des Bataillons Innsbruck Stadt und Ehrenhauptmann der Kompanien Amras, Mieming und der Pfarrgemeinde Angert. Er hatte viele Schützenauszeichnungen erhalten, wobei er hauptsächlich die folgenden vier Auszeichnungen stets getragen hat: die goldene Verdienstmedaille des Bundes der Tiroler Schützenkompanien, den Pontlatz-Adler mit Lorbeerkranz in Gold und das Regimentsverdienstzeichen des Oberinntaler Schützenregiments. Besonders am Herzen lag ihm der Pontlatz-Adler, weil der Raum Pontlatz für ihn eine wichtige Bedeutung hatte, aufgrund der historischen Auseinandersetzungen mit den Bayern im Jahre 1703. In seiner Liebe zur Heimat und Verbundenheit zur Tradition hat er zeitlebens das Ansehen der Schützen überall gefördert und ihre Erstarkung bemerkenswert unterstützt. Als ein Schirmherr der Schützen in der Alpenregion war ihm die Erhaltung der geistig-kulturellen Einheit des Landes ein persönliches Anliegen, und deshalb erhielt er auch von den Schützen der Alpenregion die höchste Auszeichnung: das Maximiliankreuz.

Gern erinnere ich mich an die zahlreichen Festakte, die Landeshauptmann Wallnöfer für uns Schützen eröffnet hat: wenn er besonders gut aufgelegt war, in die Runde der Schützen geschaut hat, wie beispielsweise beim Regimentsschützenfest in Ehrwald, eine vorbereitete Rede in der Hand hatte und diese vorbereitete Rede zerknüllte, wieder einsteckte und gesagt hat: "Weil i heit soviel Schützen seh, muaß i denen amål ganz eppes anderes sagn als das, wås da aufgschrieben ischt!" Diese Reden kamen aus seiner tiefsten inneren Überzeugung und thematisierten häufig die Einheit des Landes Tirols, da er ja die Trennung des Landes an der eigenen Biographie massiv verspürt hat. Wenn verschiedene Schützenkompanien aus Südtirol zu großen Anlässen nach Nordtirol geladen wurden, setzte sich Wallnöfer selbstverständlich zu den Südtirolern und sprach mit ihnen über Probleme in ihrer Heimat. Er war ja eigentlich derjenige, auch im Rahmen des Schützenwesens, der auf die Gründung der Alpenregion der Schützen gedrängt hat, und in seiner Eröffnungsrede im Gedenkjahr 1984 im Kongreßhaus in Innsbruck ist Wallnöfer auf die Wehrbereitschaft Tirols in seiner Geschichte eingegangen: auf Kaiser Maximilian und das sogenannte Zuzugs- oder Landlibell, auf die Ereignisse an der Pontlatzbrücke

und die Erhebung im Jahr 1809, wie auch auf die Zerreißung
Tirols. Ich zitiere wörtlich: "Das Gedenkjahr 1984 haben wir
mit der Formel 'Miteinander Tirol gestalten - Erbe und Auftrag' überschrieben. Bei dieser Feststellung muß ich die in den
Verfassungsrang erhobene Präambel der Tiroler Landesverfassung erwähnen, die da heißt: Daß die Treue zu Gott und
zum geschichtlichen Erbe, die geistige und kulturelle Einheit
des Landes, die Familie als Grundlage für Volk und Staat
und die Freiheit und Würde des Menschen die Grundlage für
die Gesetzgebung und Vollziehung des Landes sind."

Die Wehrbereitschaft der Tiroler Schützen war für Landeshauptmann Wallnöfer sicherlich eine tragende Säule in
seiner politischen Haltung. Er sprach immer vom "dreige-
teilten Tirol":

1. Die kirchliche Teilung, daß ein Teil Tirols, und zwar
ostwärts der Ziller, zum Erzbistum Salzburg gehört;

2. die militärische Teilung, die bedeutet, daß Osttirol dem
Militärkommando von Kärnten untersteht;

3. die politische Teilung Nord- und Südtirols.

Die kirchliche und die politische Einheit Tirols wurde nie
Wirklichkeit. Die militärische Einheit konnte Wallnöfer nicht
zuletzt aufgrund seiner guten Kontakte zu Wien erreichen.

Mit Beginn der achtziger Jahre waren Töne von hohen Militärs aus Wien und politischen Vertretern aus Kärnten zu hören: es sei besser, Osttirol militärisch Kärnten anzuschließen, und auch eine politische Einverleibung Osttirols sei für die Wirtschaft und die Bevölkerung Osttirols erheblich günstiger. Auf diese Bestrebungen reagierte Landeshauptmann Wallnöfer äußerst heftig. Ich erinnere mich gut, wie fuchsteufelswild er damals war, da er zeitlebens

bestrebt war, Osttirols wirtschaftliche Lage und den damit verbundenen Lebensstandard zu verbessern. Wallnöfers Zorn gipfelte damals in dem inzwischen legendär gewordenen Satz der Presse gegenüber: "Und wenn's die Kärntner nit paßt, nochr ruck i mit meine 15.000 Schitzen aus, und nochr werdn mir zoagn, zu wem Oschttirol geheart!" Diese Aussage belegt wohl am besten, wie sehr Wallnöfer die Tiroler Schützen angelegen waren und wie sehr er sich auf sie verlassen hat.

Mit Wallnöfer konnte man über alles diskutieren, aber wehe, es hat jemand blöde Witze über Schützen gemacht. Wenn so etwas vorgekommen ist, hat er sich in sein Schneckenhaus zurückgezogen und denjenigen als Gesprächspartner ignoriert. Die Schützen waren eines seiner Lieblingsthemen, und wenn darüber jemand polemisierte, fühlte er sich persönlich gekränkt. Nicht nur in diesem Sinne haben die Schützen durch den Tod Eduard Wallnöfers einen sehr schweren Verlust erlitten. Heute noch zeugen die Buketts, die von Schützen aus allen Regionen immer wieder an seinem Grab niedergelegt werden, wie stark die Erinnerung an seine Person wach geblieben ist. Als Schirmherr der Schützen weit über das Grab hinaus.

69

In meiner Funktion als Regimentskommandant besuchte ich Wallnöfer über viele Jahre hinweg einmal im Monat in Barwies. Meist nur für eine Viertelstunde, da bereits weitere Besucher ihm ihre Aufwartung machen wollten. Auch nach seiner Pensionierung habe ich diese Besuche beibehalten und habe ihn einmal gefragt: "Warum ist der Landeshauptmann nach dem großen Festzug im Jahre 1984 nicht als ungekrönter Fürst Tirols in den wohlverdienten Ruhestand gegangen?" Worauf der Landeshauptmann stark berührt gesagt hat: "Du sprichst mir aus der Seele, i hob des sogar meiner Frau versprochen, aber als langjähriger Politiker hob i meine Versprechen der Partei gegenüber halten müssn!"

Herwig Schmidl

Im Mittelpunkt Europas

Das alte Europa lag am 11.12.1913 in den letzten Zügen, ein halbes Jahr war damals noch vergönnt, sich in der Sicherheit einer langen Friedensperiode zu wiegen. Dann sollte er losgehen, der erste industrialisierte Krieg der Menschheit, mit seinen bis dahin unvorstellbaren Inferni vor Verdun, in Flandern, am Isonzo oder dem Col di Lana. Dieser Krieg verrückte Europa vom mächtigen politischen und geistigen Imperium zum ergrauenden, zum drittrangigen Lebenskreis. (Wenn diese Zeilen geschrieben werden, ist nicht abzusehen, wo sich die bis vor kurzem zweite Macht der Erde, die einstige Sowjetunion, hin entwickeln wird; und auch nicht, ob der Aufbruch des fundamentalen Islam in neue Höhen oder neue Tiefen führen wird.)

An diesem 11.12.1913 kommt in Schluderns, hoch oben überm Tal der jungen Etsch im Südtiroler Vintschgau, ein Bub zur Welt, Eduard Wallnöfer. Auch seine Wege wird dieser Krieg verschlingen, das Ergebnis dieses Krieges wird ihn nie mehr rasten lassen, es zu revidieren. Aber an dieser Aufgabe wird er scheitern und wachsen, wird er trotz seiner beschei-

71

den-bäuerlichen Herkunft zu einem der ganz großen österreichischen Europäer werden. Zugleich aber zu einem, der dem Wohl des Landes Tirol alles andere unterordnete. Zunächst raubte dieser Krieg ihm seinen Vater, verschlug ihn vom italienischen Vintschgau ins österreichische Oberinntal. Dort, in Oberhofen, wuchs er auf; dort, in Barwies, fand er seine Heimstätte. Heimat war ihm zeitlebens das ganze Tirol, von Salurn bis Kufstein. Und davon soll in diesem Bericht die Rede sein. Auch davon, wie sich alles, was er tat und worüber er sprach, diesem Ziel unterordnete. Schon 1949, also 36jährig, wurde er Landesrat für Landwirtschaft (das wird heute schon als jugendlich für so ein Amt begriffen, damals in altväterischer Zeit umso mehr). 1963, nach dem plötzlichen Tod von Hans Tschiggfrey, wurde er zum Landeshauptmann gewählt. Heute noch geht die Mär, daß der damals wirklich starke Mann im Innsbrucker Landhaus, Landesamtsdirektor Kathrein, Wallnöfer deshalb "machte", weil er glaubte, in ihm das willigste Werkzeug zur Umsetzung seiner eigenen Ideen zu haben. In gewissem Sinne behielt er auch recht: Wallnöfer war ein schlauer Mensch, glaubte aber immer, es sei ein Manko, daß er kein Akademiker war. Er war so etwas wie wissenschaftsgläubig, was sich in seiner Art der Fortschrittsbetrachtung äußerte: Fortschritt ist eine neue Lawinengalerie, Fortschritt ist ein neues Universitätsinstitut, Fortschritt ist eine neue Wohnanlage. Diese, in den heutigen grünen Tagen etwas belächelte Einstellung wuchs aus erzkonservativem Grund: Wallnöfer war tiefreligiös (obwohl es Menschen gibt, die behaupten, sie hätten ihn in der Kirche rauchen gesehen. Er habe darauf geantwortet: "Nach der Wandlung darf man"); und Wallnöfer war Bauer mit jeder Faser seines Leibes und Geistes. Mehr als viele Worte beweist das eine Anekdote: Als das Tiroler Landestheater Anfang der 70er Jahre nach jahrelanger Restaurierung wiedereröffnet wurde, zerbrachen sich die Kulturgewaltigen Tirols den Kopf, ob zur ersten Vorstellung "Fidelio" oder "König Ottokars Glück und Ende" gespielt werden

72

sollte. Als diese Frage dem Landeshauptmann zur Entscheidung vorgelegt wurde, enschied er sich für Raimunds "Der Bauer als Millionär". Und zur Eröffnung, so drängten ihn seine Berater, müsse er einen Frack oder Smoking anziehen. Darauf Wallnöfer: "Ein Bauer zieht keinen Smoking an." Aber der steirische Landeshauptmann Josef Krainer I. habe zur Eröffnung der Grazer Oper doch auch einen Smoking angehabt. Darauf Wallnöfer: "Der Krainer isch koa Bauer, dös isch a Forschtarbeiter."

Aus solch latschigem Holz war Wallnöfer, zwar biegbar und geschmeidig, doch unverwüstlich. Als seine Amtszeit als Landeshauptmann begann, stand Südtirol gleichsam in Flammen, richtete Kärnten seine Blicke auf Osttirol. Seine berühmte Tirade, er werde Osttirol notfalls mit den Tiroler Schützen gegen das restliche Österreich verteidigen, brachte ihn zum ersten Mal zu innenpolitischem Ruhm. Ganz Österreich lachte über den schrulligen Kauz im Gebirge, aber die Osttirol-Debatte (die damals ernsthaft geführt wurde) war damit erledigt. Was ein Landeshauptmann von Tirol ist, hat er später so formuliert: "Dös isch a Mischung zwischen Bundeskanzler und Bundespräsident." Und so regierte er auch das Land, "das ohne jedn Tog an Amtsmißbrauch nit zum Regieren isch". Und so trat er auch gegen Wien auf: Als er 1963 vom damaligen Bundespräsidenten Franz Jonas in Wien angelobt werden sollte, mußte Wallnöfer wegen einer schweren Erkältung absagen, ließ den Präsidenten jedoch wissen, daß die Angelobung in Innsbruck doch stattfinden könnte. Jonas kam angereist, ihm trat ein pumperlgesunder Wallnöfer gegenüber, der sagte: "Ich danke dem Herrn Präsidenten für seine Verneigung vor dem Land Tirol." Das ist die dritte typische Komponente in Wallnöfers politischem Wirken: Für sich selbst tat er nichts, er tat alles für das Land Tirol. Ganz typisch war seine Körpersprache diesbezüglich: Bei Paraden, Feierlichkeiten etc. stand der klein, doch breitschultrig gewachsene Mann in seiner typischen Haltung (hängende Schultern, Kopf schief) da. Kaum aber erklang die Landeshymne, ein Schützenbefehl, so stand er kerzengerade, Kopf hoch, Brust heraus. Wallnöfer war Tirol, Tirol verkörperte sich in ihm.

Als Wallnöfer Osttirol vor österreichischem Zugriff gerettet hatte, wußte er auch, was das Land diesem Bezirk, damals der verschlafenste, zurückgebliebenste schuldig ist: Er ließ den Felbertauerntunnel schlagen, er überließ dem deutschen Industriellen Liebherr eine Jagd in Nordtirol, wenn dieser ein Werk in den Bezirk Lienz stellt; er ließ abgelegenste Höfe erschließen, er holte sich immer Osttiroler in die Landesregierung (Unterweger, Zanon).

Die ersten Landeshauptmann-Jahre Wallnöfers waren auch geprägt vom großen Leid, das Südtirol damals durchmachen mußte. Nach der Feuernacht schlug Italien mit unmenschlicher Härte zurück: Folterungen bis zum Tode des Franz Höfler und Luis Gostner; Freispruch für die Folterknechte; langjährige Haftstrafen für junge Burschen, die Masten sprengten unter sorgsamer Beachtung, daß ja kein Menschenleben gefährdet wird. Wallnöfer hat es dem damaligen Außenminister Bruno Kreisky nie vergessen, daß er das Südtirol-Problem vor der UNO internationalisiert hat. Der Lauf der Geschichte wollte es, daß auch in Österreich Prozesse gegen die Mitglieder des BAS (Befreiungsausschuß Südtirol) stattfanden, in Graz. Er rief den damals jungen Innsbrucker Rechtsanwalt Wilhelm Steidl an und beauftragte ihn mit der Verteidigung der Tiroler: "Steidl, dös in Graz isch a Katastrophe. Du muasch fir's Lånd tätig werdn." Zum Prozeß fuhr ein Dienstwagen des Landes mit dem Kennzeichen T 2, rot-weißem Ständer mit Tiroler Adler darauf, vor. Wallnöfer hatte seinen Stellvertreter Hans Gamper dorthin beordert. Der Prozeß endete mit lauter Freisprüchen.

Etwas später, als die Südtirol-Kämpfer gejagt wurden wie die Hasen (Luis Amplatz verraten und erschossen, Georg

Klotz schleppte sich schwer verwundet über die Jöcher zwischen Passeier- und Ötztal), setzte Franz Olah den österreichischen Polizeiapparat gegen sie an. Gerüchte besagten, daß sie deshalb nicht gefunden wurden, weil sie im Hause Wallnöfer in Barwies untergebracht waren, und vor einer Hausdurchsuchung beim Landeshauptmann schreckte die Exekutive natürlich zurück.

Dann kamen die Jahre der Paketverhandlungen, die Wallnöfer stets mit allergrößter Anteilnahme verfolgte. Er glaubte seinem Freund Silvius Magnago, daß es zunächst das wichtigste ist, die Lage in Südtirol zu kalmieren, mit den Italienern zu verhandeln, großzügige Minderheitenrechte herauszuschlagen. Aber zum Unterschied von Magnago nur für eine befristete Zeitspanne: "Solange der Status quo in Europa so ist, wie er ist", sagte er immer. Sollten sich die politischen Gewichte aber einmal verschieben, dann müsse auch die Brennergrenze verschoben werden.

Diese Grenze, die "Unrechtsgrenze, die jedem Tiroler im Herzen brennt", war für Wallnöfer auch Anlaß, stets aufs neue das Heldenlied vom Land Tirol anzustimmen. 40.000 Tiroler Männer hätten im Ersten Weltkrieg ihr Leben für die Verteidigung Tirols gelassen. Durch Italiens Verrat und das Diktat von St. Germain sei dieses Sterben vergeblich gewesen; gegen den Willen der Tiroler hätten die Siegermächte das Land geteilt: "Tirol wurde verraten und hat sich der Willkür beugen müssen", sagte er immer. Fast im gleichen Atemzug fügte er an, daß "wir das Unrecht, das die Welt dem Land Tirol zugefügt hat, niemals hinnehmen werden". Lebte er heute noch, die Südtirolpolitik Tirols und Österreichs sähe garantiert anders aus.

Schon damals ließ es ihm keine Ruhe, daß es kein Gremium gibt, in dem alle Tiroler vertreten waren. Er dachte hin und her. Da fiel ihm etwas Gewaltiges, bis heute Richtungsweisendes ein: die Arge Alp. Das ist eine lose Verbindung der Alpenländer: die Lombardei, das Trentino (ehemals Welschtirol), Südtirol, Salzburg, Tirol, Vorarlberg, Graubünden

und Bayern. Erstens einmal, so Wallnöfers Überlegung, liegt
so etwas im Trend der Zeit. Zweitens haben diese Alpenländer tatsächlich vieles gemeinsam - ihre Paß- und Brücken-
funktion, die Berglandwirtschaft, den Fremdenverkehr, die
Nutzung der Wasserkraft; im Prinzip werden sie vom gleichen
Menschenschlag bewohnt. Aber das wichtigste war für ihn,
daß Südtiroler Vertreter neben denen des Bundeslandes Tirol
sitzen. Nach einigen Jahren schälte er den harten Kern aus
dieser Arge Alp heraus, ohne daß irgendjemand, also auch
nicht die italienische Regierung, etwas dagegen haben konnte: um besser vorbereitet in die Arge Alp zu gehen, müßten
sich die Vertreter der Tiroler Landesteile besser koordinie-
ren - so wurde der gemeinsame Nord-Süd-Osttiroler Landtag
begründet. Wallnöfers Nachfolger Alois Partl schuf daraus
den Vierer-Landtag, aus dem inzwischen Vorarlberg halb
ausgeschert, das Trentino indessen mit umso größerem Eifer
dabei ist. Aus diesem Gremium soll die Europaregion Tirol
herauswachsen. Den Grundstein dafür hat sicherlich der
Bauer Eduard Wallnöfer gelegt - eine europäische Schöpfung, die in ihrer Bedeutung ja nicht unterschätzt werden
soll.

Das mit dem Trentino war überhaupt so eine Sache: Südtirol hatte sich mit dem Trient überwerfen müssen, weil es in

*Bei einer
ARGE-Alp
Sitzung*

77

Mit
Alfons Dalma imperialistischer Auslegung des Gruber-De Gasperi-Abkommens die deutschsprachige Minderheit unterdrücke. Wallnöfer dachte aber stets weit über die Salurner Klause, bis zur Berner Klause, bis an die Ufer des Gardasees: Das war die gefürstete Grafschaft Tirol. So fuhr er, als noch schwere Spannungen das Verhältnis Bozen-Rom belasteten, mit seinem langjährigen Weggefährten und treuen Paladin, dem Tiroler VP-Landessekretär Robert Fiala, bei Nacht und Nebel nach Trient, um sich mit dem damaligen Landeshauptmann des Trentino, Bruno Kessler, zu treffen. Kessler war ein sehr austrophiler, geschichtsbewußter Mensch. Beim dritten Glas Rotwein gestand er Wallnöfer, daß er sich eigentlich als Tiroler fühle, der einen alpenitalienischen Dialekt spreche und mit den in Südtirol zugewanderten Italienern nicht viel anzufangen wisse. Das war der Beginn einer engen Freundschaft.

Und heute ist es so, daß zwischen Innsbruck und Trient das bessere Verhältnis herrscht als zwischen Bozen und Trient. Legendär geworden sind auch Wallnöfers Fischzüge nach Wien, wenn es galt, ein paar Millionen mehr aus dem Staatssäckel herauszureißen, ein bißchen mehr Einfluß zu gewinnen. Daß, bis zur sozialistischen Alleinregierung ab dem Jahre 1970, immer einige Regierungsmitglieder Tiroler waren, war selbstverständlich: Klecatsky, Hetzenauer, Gruber (dieser als Staatssekretär zur Beamtenreform). Daß Tirol immer mehr Abgeordnete stellte als ihm aufgrund seiner Bevölkerungszahl zustanden, war klar; zwei, einmal sogar drei Abgeordnete mehr. Einige Tiroler mußten von der Parteizentrale als sogenannte Bundesnotwendigkeiten anerkannt werden: In jüngerer Zeit galten als solche Sixtus Lanner (Generalsekretär der ÖVP), Ludwig Steiner, Felix Ermacora, Andreas Khol als Südtirol-Spezialisten. Ebenso klar war, daß der Innsbrucker Bürgermeister Alois Lugger Präsidentschaftskandidat wurde. In Kapfenberg war nach dem Tod von Jonas die VP-Spitze zusammengetreten, um Hermann Withalm zum VP-Kandidaten zu nominieren. Werbemittel und Plakate waren schon gedruckt, es bedurfte nur noch einer Abstimmung. Die verhinderte Wallnöfer mit der Bemerkung: "Abstimmen brauch ma nit, mir moanen eh alle den gleichen." Beifälliges Kopfnicken, also wurde nicht abgestimmt. Der schlaue Wallnöfer fuhr nach Hause und erklärte, die ÖVP habe zwar nicht abgestimmt, aber alle hätten an Lugger gedacht.

Sorgen bereitete ihm, als sich 1970 die ÖVP durch ungeschicktes Taktieren selbst aus der Regierung katapultierte. Bis zuletzt beschwor Wallnöfer den damaligen ÖVP-Obmann Klaus und seinen eisernen Stellvertreter Hermann Withalm, doch eine Koalition mit der Kreisky-SP zu bilden. Für diesen selbst hatte Wallnöfer seit Kreiskys Südtirol-Aktivität großen Respekt, für die sozialistische Ideologie aber nur Abneigung: sie zerstöre die Familie, sie sei eine Ideologie der Verschwendung, denn "wenn niamand mehr Eigentum hat, nacha hat niamand mehr eppas". Selbst dem parteieigenen Arbeitnehmerflügel, dem AAB, stand er skeptisch gegenüber. Dem Landesrat Karl Erlacher warf er vor, viel zu wenig zu arbeiten. Dieser, ein hervorragender Jurist, antwortete schlagfertig: "Wenn ich fleißig auch noch wär, dann wär ja i der Landeshauptmann". Lang war er nicht mehr Landesrat. Für den derzeitigen Innsbrucker Bürgermeister Romuald Niescher hielt Wallnöfer bei dessen Nominierung zum Bürgermeister vor versammeltem Parteivolk eine Laudatio, in der er die Verdienste Luggers lang und breit würdigte, der Name Niescher aber nicht einmal vorkam. Und bei den Landtagswahlen fuhr die ÖVP einen trefflichen Erfolg heim, bloß in der Gemeinde Mötz verlor sie ein paar Stimmen. Für Wallnöfer Anlaß, den heutigen Landeshauptmannstellvertreter Helmut Mader (er war damals Betriebsratsobmann der TIWAG) zu sich zu zitieren: "Dös Ergebnis von Mötz isch a Katastrophe." Darauf Mader: "Dös isch die Autobahn, Landeshauptmann." (Von Mötz zu Wallnöfers Heimatort Barwies führt ein breiter Zubringer, im Volksmund "Hofeinfahrt" genannt.) Darauf Wallnöfer: "Na, die Leit megn die Autobahn. Aber i hab ghört, die TIWAG-Leit benehmen sich hoffartig." Damit war klar, wer den Stimmenverlust zu verantworten hatte.

Seine Reden bereitete sich Wallnöfer immer auf den Innenseiten der "Hobby"-Verpackungen vor. Da schrieb er sich die Stichworte drauf. Zugleich schrieb ihm sein Büro immer seine Reden, die er zwar einsteckte, aber selten hielt. Einmal hatte er an einem Tag zwei zu halten. Er verwechselte die vorgeschriebenen Reden, kam zur Hälfte drauf, holte sich seine Zigarettenschachtel-Manuskripte mit der Bemerkung "Ollas muaß ma sich selber machn" aus der Tasche und begann die Rede von ganz vorne - aus dem Stegreif.

So war er, der Landes-Edi, ein handgeschnitztes Original aus Hartholz, der im Herzen aber butterweich war. Mindestens die Hälfte seines Landeshauptmann-Gehaltes verschenkte er an bedürftige Mitglieder, wenn er überzeugt war,

80

"Schirmherr der Schützen in der Alpenregion"

"A Adler muaß her!"

daß sie unverschuldet in Not geraten waren. Und wenn das nicht ausreichte, ließ er die TIWAG, deren Aufsichtsratspräsident er war, dafür bluten. Einmal, es war im Jahre 1975, rügte dies der Rechnungshof mit schwerer Kritik an der "Zweckentfremdung" dieser Gelder. Was jeden anderen Politiker kreidebleich hätte werden lassen, nahm Wallnöfer mit Achselzucken hin. "I bin ja koa Buachhålter". Oder beim großen Landesumzug 1984: als Eduard Wallnöfer sich mehr als eine Träne aus dem Auge wischte, als da "seine" Tiroler in Schützentracht, als Musikanten, als Knappen, Handwerker, Feuermänner und Bergsteiger an der Ehrentribüne vorbeimarschierten. Als dann noch die inzwischen sagenhafte Dornenkrone, die den Schmerz über die Teilung Tirols symbolisieren sollte, von Burggräfler Schützen (unter ihnen auch der heutige Landeskommandant der Südtiroler Schützen, Pius Leitner) vorbeigetragen wurde, da zog es Wallnöfer die Kehle zusammen. Nachher, als heftige Polemiken in Italien und in Österreich gegen diese Dornenkrone ausbrachen, sagte er: "Ohne sie wär dös ja bloß a Trachtnumzug gwesen."

Sein Begräbnis einte für einen Tag noch einmal ganz Tirol - Abordnungen kamen aus Cortina d'Ampezzo (heute Region Venetien, vor einem Menschenalter noch Teil Tirols), aus dem Trentino, aus allen Dörfern und Städten des geteilten Landes. Ich habe sie am Straßenrand stehen gesehen, als der Sarg vorübergetragen wurde - und fast alle haben geweint. Er war Tirol, und mit ihm war sein Land Tirol.

Reinhard Tramontana

*Der Alpenkönig**

Wenn es wahr ist, daß Eduard Wallnöfer mit den Worten: "Was soll denn das Gewoisl um den Loisl?" Alois Mock zum ÖAAB-Obmann gemacht hat und dadurch dessen weitere Karriere begünstigt hat, dann ist dem sagenhaften Tiroler halt auch einmal ein Malheur passiert. Davon abgesehen, war er taktisch dermaßen ohne Fehl und Tadel, daß jedem anderen Politiker, ausgenommen seinem Du-Freund Bruno Kreisky, schwindlig werden mußte.

Er verband den Instinkt eines Kitzbüheler Zahlkellners mit der heroischen Hemdsärmeligkeit eines Andreas Hofer - er war eine Dreifaltigkeit aus Grandseigneur, Grandezza und Granit.

Er konnte den Kärntnern, als die sich Osttirol unter den Nagel reißen wollten, ernsthaft mit den Tiroler Standschützen drohen und büßte dennoch nichts an einer Achtung ein, die sein Nachfolger auch dann nie ergattern würde, könnte er den Bergisel mit einem goldenen Dachl überkuppeln.

Er, der Schleusenöffner des Nord-Süd-Transits, wurde mit Recht als "Beton-Walli" kritisiert. Aber gleichzeitig als der

---

* Wiederabdruck des im "profil" (Nr. 12/20. März 1989; S. 106) erschienenen gleichnamigen Artikels

84

Wegbereiter jenes Fremdenverkehrs gefeiert, der seinem Bundesland das rasanteste Wirtschaftswachstum bescherte.

Er war berüchtigt für eine sture Geradlinigkeit, wie sie sonst nur abwärts der Hahnenkamm-Hausbergkante vorkommt, aber er war auch berühmt dafür, in den Stunden seiner spektakulärsten Wahlsiege dem politischen Gegner wieder auf die Beine zu helfen.

Damit hatte er reichlich zu tun, denn alle, die sich ihm entgegenstellten, überragte er schon im Liegen.

Wer gegen den ewigen Tiroler, der ebenso groß wie goschert war und ebenso fein wie sinnig, antrat, konnte nicht mehr erringen als den Tapferkeits-Wanderpokal.

Wann immer ein Rivale glaubte, sich wie ein Geier auf den Walli stürzen zu können, mußte er Federn lassen; wann immer andere Landesverbände der Volkspartei von einem Wählertal in die nächste Mitgliederschlucht stürzten, befand der Alpenkönig, es sei nicht allzu unchristlich, statt der anderen Backe die Faust hinzuhalten - selbst der neueste Linke erkannte bald, daß gegen dessen alte Rechte kein Edelweiß gewachsen war.

Die Auswirkungen, um nicht Auswüchse zu schreiben, dieses gut zwanzigjährigen Zustands sind weiß Gott nicht rückhaltlos zu akklamieren - aber ist es immer nur die Schuld des Tornados, wenn in seinem Sog kein Stein auf dem anderen bleibt?

Daß Gott und Wallnöfer zueinander gleich großes Vertrauen hatten, mag für beide Seiten vorteilhaft gewesen sein, für viele andere, die ohnehin schon unter den einander ergänzenden Fuchteln der "Tiroler Tageszeitung" und des Bischofs Paulus Rusch standen, gewiß bedrückend.

Eduard Wallnöfer war ein unerschrockenes Mannsbild, das Charisma genug hatte, den Anachronismus zum Zeitgeist zu machen; lebenslang gab er die Idee nicht auf, die Südtiroler nach entsprechendem Votum von Innsbruck aus mitzuregieren.

Wo Franz Josef Strauß sich züchtig als Demokrat verkleidete, trat Wallnöfer ungehemmt hin vor jeden und wetterte gegen den Weichling Drakon.

Wo Eduard Zimmermann nach Argumenten sucht, ließ er kei-

85

nen Zweifel daran, daß für ihn der Rechtsstaat ein Rechts-Staat wäre.

Selbst unter der bizarrsten Maske von Imst wäre er nach einem Halbsatz enttarnt gewesen.

Und obgleich er keinen Zweifel daran ließ, daß er die Axt sei und nicht der Zimmermann, wurde er angehimmelt; als er das Szepter so fest in der Hand hatte, daß er gelegentlich einräumte, allenfalls sogar abwählbar zu sein, erregte er nicht einmal höfliches Interesse.

Ohne sich die mindeste Mühe zu nehmen, populistisch zu flunkern, herrschte er nach dem Grundsatz des aufgeklärten Monotheismus: Du sollst an einen Wallnöfer glauben - tust du es nicht, wirst du dran glauben müssen.

In seinen lauten, also in den tirolerischen, Momenten war er voll knurriger Grimmigkeit, in den eigentlichen des unter-privilegierten Bergbauernbubs voll charmanter Wehmut; in beiden konnte ihm niemand was vormachen.

Wahrscheinlich wird ihm das lang keiner nachmachen.

Lothar Müller

Danke für das Mittel gegen den Katarrh!

Eduard Wallnöfer, Landeshauptmann von Tirol, hat mir seinen Dank ausgesprochen. Der Dank galt dem "Überlassen" eines "Mittels gegen den Katarrh" - in Wirklichkeit war es eine Dose guten Schnupftabaks, den ich ihm via LH-Büro übergab. Wahrscheinlich wollte er sich mit dem Ausdruck "Mittel gegen den Katarrh" vor vorwurfsvollen Blicken seiner Umgebung schützen.

Es ist im Grund genommen paradox, politisch und auch zeitgeschichtlich, wahrscheinlich aber doch lehrreich:

Obwohl über etliche Jahre als Sekretär "der Roaten" hauptberuflich Bekämpfer der politischen Linie Wallnöfers und seiner Partei, fallen mir eigentlich nur "unpolitische Geschichten" ein. Wir hatten einige Treffen miteinander, meist eingefädelt von Robert Fiala. Dabei war - auch in Wahlkampfzeiten - das einzige "politische", an das ich mich erinnern kann, seine Abneigung gegen zuviele Fraktionen und sein Wunsch, daß ÖVP und SPÖ bundesweit zusammenarbeiten sollten und müßten.

War Wallnöfer deshalb politisch so (und so lange) wirksam, weil er oft scheinbar so wenig "direkt politisch" war, weil er andere Seiten der Faszination, des Für-sich-Einnehmens spielen konnte? Über die fünf Schnupftabak-Dankeszeilen haben noch zu seinen Lebzeiten Dutzende geschmunzelt oder gelacht, sie als "typisch" empfunden - wie man doch mit "Kleinigkeiten" wirken kann!

Eine andere "Geschichte" - die der Generalsanierung der Kaserne Imst:

Sie hat einige Tiroler Politiker über Jahre beschäftigt. Ebenso lange passierte jedoch überhaupt nichts, weil dieser Generalsanierung der Unterkünfte, der Küche usw. eigentlich der damaligen Kasernenstrategie der Heeresverwaltung widersprach. "Kompaniekasernen", und davon gab es einige in Österreich, sollten aus betriebswirtschaftlichen Gründen stillgelegt werden. Natürlich scheute man sich, dies den Garnisonsgemeinden in aller Öffentlichkeit mitzuteilen. Nach einigen heftigen öffentlichen Angriffen auf die verantwortlichen Stellen in Wien, nimmt mich Wallnöfer zur Seite und sagt: "Schimpfen S' nicht immer nur gegen die Wiener, sondern suchen Sie auch die Verräter in den eigenen Reihen." Ich habe zwar nicht gesucht, kann mir aber eines vorstellen: Wallnöfer wußte genau, wie schnell in einem hierarchischen System "der Unter zum Ober" erwartungsgemäß "Jawohl" sagt, auch wenn sein Herz woanders schlägt. Ob unter diesem Aspekt nicht auch beispielsweise die Föderalismus- und Regionendiskussion einmal betrachtet werden müßte?

In der Politik müsse man schon "auffallen", erklärte mir das Tiroler Original einmal. Eine Frau in der Politik täte sich da leichter (kein Wunder - damals gab's noch weniger Frauen in der Politik). Dem Mann aber schade es sicher nicht, wenn er "a bißl schiach" sei, meinte er zu einer Zeit des angehenden overdressings. Der für mich "hoffnungsvolle" Schlußsatz: "Aber das, a bißl schiach sein, fällt Ihnen sicher auch nicht allzu schwer." Ich hab's mir gemerkt.

Das damalige "linke Reichsdrittel" war mit vielen Juristen hell empört über die Aussage Wallnöfers, wonach man ein Land nur regieren könne, wenn man täglich irgendein Gesetz übertrete. Gewiß eine aus rechtsstaatlicher Sicht äußerst problematische Aussage eines Landeshauptmannes. Ich bin bei vielen Veranstaltungen auf diese Aussage eingegangen und habe sie natürlich heftig kritisiert! Der Erfolg? Wallnöfer war auch bei SPÖ-Veranstaltungen in vieler Munde und das keineswegs negativ: "Wie soll er's denn sonst machen?" oder: "Endlich einer, der's den Wienern einisagt", lauteten die Stellungnahmen.

Mit Luise Wallnöfer

Eduard Wallnöfer war - wie jede/r von uns - natürlich ein "Kind seiner Zeit". Man kann ihm viel vorwerfen - von seiner Straßenbauphilosophie bis hin zu seiner Einstellung zum Landtag. Dabei muß gerechterweise aber auch mitbedacht werden, welche Kräfte sich wie mit "Wallis" Politik auseinandergesetzt haben. Zu seiner Zeit gab es kaum politische Dissidenten, weniger Fraktionen in den Volksvertretungen, kein "Transitforum" mit rebellischen Gurgisers, Hussls und Bertschs, die der offiziellen Politik kräftig in die Suppe spucken. Wie er wohl mit dieser Situation zurecht gekommen wäre?

Wallnöfer war ein Mensch, der mit dem Herzen sah, wenn dies Politik, Verpflichtungen, Wahlkämpfe und dergleichen zuließen. Ich bin überzeugt, daß er viel darum gegeben hätte, offizielle Verpflichtungen zu streichen, um dafür irgendwo ein wenig länger hockenbleiben zu können.

Besichtigung der Tauern- kraftwerke

Eine letzte Geschichte möge dies unvollkommen verdeutlichen. Anläßlich eines Landtagswahlkampfes - ich glaube 1979 - gab es im ORF eine Diskussion der Spitzenkandidaten unter Leitung von Chefredakteur Sigi Wagner. Nach der Aufzeichnung bestand für die Spitzenkandidaten und deren Sekretäre die Möglichkeit, diese Aufzeichnung nochmals anzuschauen! Alle blieben, der Landeshauptmann ließ Wein aus dem "Löwenhaus" kommen, damit uns die Analyse leichter falle. Ich erinnere mich, daß Wallnöfer die Analyse eigentlich ziemlich egal war und daß er nur mit äußerstem Widerstand der Aufforderung, daß man fahren müsse, gefolgt ist. Er wußte genau, daß er "der Sieger" war, obwohl er sicher weder von "briefings" noch von Auftrittstechniken etwas hielt. Wir haben analysiert, aber er hat gewonnen. Ein Original braucht eben weder briefings noch das Anlernen von Kommunikationstechniken - es sieht mit dem Herzen gut.

90

Paul Flora

Für nix und wieder nix!

Als Person bin ich Landeshauptmann Wallnöfer sehr selten begegnet, aber an einen Abend im Hause von Sixtus Lanner erinnere ich mich noch sehr gut. Es gab einen Empfang für UNO-Botschafter, darunter auch Herr Waldheim. Währenddessen kreiste ständig ein Hubschrauber über dem Haus. Es war damals diese Entführungszeit. Wallnöfer war von diesem Empfang sichtlich beeindruckt. Wir haben uns in einen Nebenraum verzogen und haben und drei Stunden lang ausgezeichnet unterhalten. Nebenbei war ich verblüfft, wieviel Wein er in kurzer Zeit trinken konnte.

Wallnöfer, der sich selbst eher wenig mit künstlerischen Dingen auseinandergesetzt hat, was unter Politikern keine Seltenheit ist, hat seinem Kulturreferenten Dr. Prior großzügig freie Hand gelassen. Aber, wer wird schon zum Landeshauptmann gewählt, weil er sich für Kunst interessiert? Die Kulturförderung während dieser Zeit war oft als soziale Förderung der Künstler gedacht. Sie erfolgte wesentlich rascher und unbürokratischer als heute, basierend auf einem gewissen gegenseitigen Vertrauen.

In bezug auf die Sanierung meiner Heimatstadt Glurns hat mir Wallnöfer einmal sehr geholfen. Für die Stadt Glurns war im Südtiroler Landtag ein Sanierungsgesetz beschlossen worden, aber die Glurnser haben diese Förderung nicht in Anspruch genommen, weil sie die Vermessung ihrer Häuser vorerst selber bezahlen hätten müssen. In der Folge habe ich meinen Freund, den Wiener Architekten Friedrich Achleitner, gebeten, ob er nicht im Sommer mit seinen Studenten ein paar Glurnser Häuser vermessen könnte. Achleitner hat mir sofort zugesagt, unter der Bedingung, daß die Studenten während dieser Wochen gut versorgt seien. Ich bin dann zum Landeshauptmann gegangen, und der hat mir für diesen Zweck gleich 30.000 Schilling gegeben. Die Glurnser haben unmittelbar darauf ihre Förderung für die Vermessung erhalten, so ist dank Wallnöfer die Sanierung endlich ins Rollen gekommen.

An Eduard Wallnöfer habe ich auch seinen ausgeprägten Sinn für Humor geschätzt. Jedes Jahr im Februar fanden die Ordensverleihungen statt, ich bin da meinerseits öfter hingegangen; ich habe selber zwei Orden im Hosensack. Ein Orden war für "Nebenverdienste" und ein zweiter für "Nix und wieder Nix". Bei einem dieser Anlässe habe ich dann gesagt: "Ich hätte auch zwei Auszeichnungen zu vergeben!", und hab meine Orden dem Landeshauptmann und dem Kulturlandesrat Prior an die Brust geheftet. Beide haben diese Ordensverleihung mit großem Humor getragen.

Fritz Molden

Von Treppenstürzen und Gelehrtengesprächen

Der frühere Verleger Fritz Molden lernte den damaligen Landesrat Eduard Wallnöfer Anfang der 50er Jahre in Alpbach kennen. Vor allem das Thema "Südtirol" bewirkte, daß zwischen ihnen - wie es Molden heute ausdrückt - eine Art Freundschaft entstand. In der Südtirol-Frage habe Wallnöfer sehr geholfen, so Molden. Sowohl in Wien als auch später in Moldens Haus in Alpbach war Wallnöfer, ebenso wie Kreisky, oft zu Gast. Fritz Molden erinnert sich auch daran, daß Kreisky und Wallnöfer einander schon 1959, als Kreisky Außenminister wurde, sehr geschätzt und auch gut verstanden haben. Das kurioseste Erlebnis mit Wallnöfer schildert Fritz Molden wie folgt:

Er ist einmal bei mir in unserem Haus in Alpbach die Treppe runtergefallen. Das war spät in der Nacht, wir waren ein kleinerer Kreis, und wir haben viel getrunken. Das Haus steht an einem relativ steilen Hang, und es führt eine primitive Treppe mit Steinstufen etwa 40 Meter weit zur darunterliegenden Straße. Und da hat der Walli - so um zwei in der Früh - plötz-

93

Walli in Rio lich gesagt, er könne seinen Fahrer nicht so lang warten lassen, der müsse ja auch einmal schlafen gehen. Und er steht auf und trinkt noch aus, wir verabschieden uns alle, ich will ihn noch hinunterbringen, wie es sich gehört, wenn ein Ehrengast geht, und er sagt: "Nana, i weiß schon, du moansch, i bin bsoffen und i kimm do nit obi, åber du wearsch di wundern!" Und er gibt mir die Hand und sagt: "Pfiat di", und nach dem zweiten Schritt ist er halt ausgerutscht und hat sich überschlagen. Und plötzlich hör ich ein Stöhnen, und der Walli erhebt sich. Es ist ihm nichts passiert, jeder andere wäre tot gewesen. Es war wirklich steil, er hatte einiges getrunken, er war nicht mehr der Jüngste, hat sich mehrmals überschlagen, ist aufgestanden und hat gesagt: "Schau nit so deppert!" Danach hat er sich nochmals verabschiedet und ist gegangen. Der Chauffeur ist schon gelaufen gekommen, der hat das auch gesehen, es ist ihm aber wirklich nicht das geringste passiert.

Als Landeshauptmann kam Eduard Wallnöfer fast jährlich zum Europäischen Forum nach Alpbach. Mehrmals hielt

94

er dort auch die Eröffnungsansprache. Fritz Molden weiß,
daß Wallnöfer trotz seines ihm nachgesagten Mißtrauens
gegen Akademiker sehr gut mit den Gelehrten und Wissen-
schaftlern in Alpbach umgehen konnte. Vor allem Sir Char-
les Popper, der große Philosoph, hatte einen Narren an
Wallnöfer gefressen. Molden erzählt:

Ja, die beiden haben sich also ganz gut verstanden, obwohl
der Popper mich als Buchverleger einmal gebeten hat, daß ich
doch endlich ein tirolisch-deutsches Wörterbuch herausbrin-
gen soll. Er hat den Wallnöfer fast nie verstanden und mußte
den Herrn Landeshauptmann immer fragen, was er denn
gemeint habe, worauf der Wallnöfer sagte: "Versteahsch mi nit,
håsch du in Englånd Deitsch verlernt oder wås?"

Aber die haben eine Beziehung gehabt und haben sich was
zu sagen gehabt, weil der Popper war nicht einer, der sich
mit einem Politiker unterhalten hat, wenn es nicht auch für
ihn interessant war. Also, der Wallnöfer hat unheimlich viel
gewußt und hat sich für alles interessiert. Und er hat sich
leicht getan, mit Akademikern und Gelehrten zu sprechen,
und zwar nicht auf die oberflächliche Art, wie es viele Politiker tun, die keine Ahnung haben. Ich hab das Gefühl gehabt,
daß er erstaunlich viel gewußt hat von Dingen, die nicht direkt
in seine Arbeit und in seine Welt hineingepaßt haben. Er hat
sich in der Geschichte ausgekannt, und er hat natürlich viel
über Politik gewußt. Nur in bezug auf Baulichkeiten, da glaube ich, daß er ohne Geschmacksnerven auf die Welt gekommen ist, denn was dem Wallnöfer alles gefallen hat, das war
ja unglaublich. Er war stolz auf jedes neue Hochhaus. Auf
der anderen Seite hat er sich sehr wohl auch für Kunst und
Kultur interessiert. Einmal war er in Alpbach zu einer Auf-
führung einer Oper von Gottfried von Einem, und da war er
voll dabei. Also, Musik hat ihn angesprochen, und zwar nicht
nur Tschinderassa-Blechmusik.

Wenn Fritz Molden, der Widerstandskämpfer und ehe-
malige Buch-Verleger, heute über die politische Erscheinung

*Benedikt und
Eduard
Wallnöfer,
Franz Vranitzky*

*Eduard Wallnöfer
und dessen Bindung
zu Tirol und Öster-
reich befragt wird, so
fällt ihm spontan fol-
gendes ein:*

Wallnöfer war ein begeisterter Födera-
list, und zwar in einer Zeit, in der sich die Republik wahrscheinlich im Sinne des da-
mals vorherrschenden Wohlstandsglaubens zentralistisch ent-
wickeln mußte. Denn man hat in großen Einheiten zu denken versucht, was in Österreich nicht so leicht war, weil ja Öster-
reich nicht so groß ist. Und da war der Wallnöfer ein sehr wichtiges Gegengewicht. Viele Landeshauptleute haben sich halt in ihr Schicksal gefügt, außerdem war es ihnen relativ wurscht, solange sie die Gelder bekommen haben. Wallnöfer aber hat immer ganz intensiv Tirol in den Vordergrund gestellt, obwohl er schon auch immer gewußt hat, daß Tirol ein Stück von Österreich ist, das war für ihn völlig klar. Er war aber auch nicht einer von denen, die mit Wien den bösen Zentralismus identifiziert haben. Die Mehrzahl der Tiroler glauben ja, daß alle Wiener in der Früh aufwachen und sich überlegen, was man wieder machen könne, um die Bundesländer zu schädi-
gen. Dieses Denken war bei ihm nie der Fall. Er hat zu mir einmal gesagt, daß er genau wisse, daß seine Landsleute etwas gegen uns Wiener hätten, und daß er aber auch wisse, daß die Wiener alle Tiroler mögen. Er wollte eine starke föderalisti-
sche Position seines Landes und auch der anderen Länder. Er hat also für den Föderalismus sehr viel geleistet, und für die anderen Landeshauptleute war er in dieser Hinsicht sicher Vorbild.

96

Papstbesuch in Innsbruck 1988
J. Thoman, E. Wallnöfer, S. Magnago

Portraitsitzung im Atelier von Max Weiler

Zweitens hat er unendlich viel für sein Land getan, wenn auch vielleicht manchmal so, daß es viele seiner Landsleute nicht mitvollziehen konnten. Aber er wollte das beste tun, und er war also keineswegs ein von den Baulöwen bezahlter Exekutor, sondern er hat an das geglaubt.

In den späten Jahren hat er manchmal wahrscheinlich die Welt nicht mehr ganz verstanden. Manches ist ihm zu schnell gegangen. Er war also sicher alles andere als ein Grüner, obwohl er ein Bauer war und die Landschaft geliebt hat. Er war der Meinung, die Bauern können nur überleben, wenn sie sich in die neue Industriegesellschaft hinein begeben, und das geschieht am besten durch den Fremdenverkehr und auch dadurch, daß man in Tirol Industrien aufbaut. Ihn würde der Schlag treffen, wenn man sagt, die Tiroler Bauern sollen als Landschaftsgärtner in die Geschichte eingehen. Das wollte er sicher nicht.

Persönlich für mich war er ein guter Freund. 1982 war ich mit meinem Verlag in Konkurs gegangen, und viele haben sich damals gedacht: Gottseidank, wieder einer weniger von diesen präpotenten Widerständlern. Und 1984 bin ich dann als Präsident der Auslandsösterreicher bei diesem großen Schützen-Festzumzug in Innsbruck dabei gewesen und bin direkt vis-à-vis der Regierungstribüne gesessen. Drüben sind also die ganzen Politiker, der Bundespräsident und auch der Walli, gesessen. Und plötzlich stößt mich einer und sagt mir, daß mir der Landeshauptmann winke. Und ich bin dann zwischen zwei vorbeimarschierenden Musikkapellen über die Straße drüber, hab den Wallnöfer begrüßt, worauf er sagt: "Jå, warum hocksch di denn nit då her?"

Der Wallnöfer wollte also zweifellos ganz öffentlich zeigen, daß er mich, nur weil ich mit meinem Verlag Pech hatte und auf die Nase gefallen bin, deswegen nicht weniger schätzt.

99

Ich hab mich dann natürlich gefreut, bin aber wieder zurück auf die andere Seite, weil da saß ich ja genauso gut. Aber das war seine Art. Er hat nicht darauf geachtet, ob die Leute, mit denen er auf gutem Fuß war, auch in entsprechend hoher Position waren.

HEROISCHE BÜRDE

Ingeborg Woitschitzky

Frau Dokta oder die årme Haut!

Frau Regierungsrat Dr. Ingeborg Woitschitzky war 24 Jahre lang, also während der gesamten Regierungszeit Wallnöfers, in dessen Büro tätig. Für ihn war sie immer jene "årme Haut", die alle seine schriftlichen Dinge regeln mußte. Wallnöfer nannte sie meist "Frau Dokta". Die Frau Dokta Woitschitzky erinnert sich:

Wir haben uns ziemlich schnell zusammengestritten - wenn man so sagen kann. Der Anfang war natürlich schon ein bißchen schwer, weil Landeshauptmann Tschiggfrey, bei dem ich auch schon tätig war, eine ganz andere Art hatte. Wallnöfer war ein ausgesprochener Politiker, Tschiggfrey war mehr der Beamte, der Sachliche. Und auch die Briefe sind dementsprechend ausgefallen. Bei Wallnöfer war mehr Wärme drinnen. Man mußte sich also schon umstellen. Es ist auch eine ganz andere Bevölkerung zu ihm gekommen als zu Tschiggfrey - zumindest am Anfang, später sind dann alle zu Wallnöfer gekommen. Die Umstellung am Anfang von Tschiggfrey zu Wallnöfer war aber schon ziemlich kraß. Wallnöfer - das merkten schon auch wir -, der hatte ein seltenes politisches

101

Wallnöfer in Hamburg

Talent, ein Talent, das ihm kaum einer nachmachen kann: dieses Gespür, dieses Gefühl und auch seine Zukunftsorientiertheit.

Geschunden hat er uns fest, muß man sagen, aber er hat auch sich selbst nicht geschont. Das ist also von früh bis spät gegangen, wirklich von früh bis spät, und er ist auch meist spät heimgegangen. Am Abend ist ihm meist noch alles mögliche eingefallen, weil man da erst Zeit hatte, wirklich etwas zu tun - untertags waren ja fast immer Leute da. Und wenn man nicht ein Glas Wein trinkt, fällt einem nichts ein, das hat er immer gesagt. So nach sieben Uhr am Abend - wenn's ein bißchen ruhiger geworden ist - haben wir auch oft ein Glasl mitgetrunken: "Ietz geaht's her, ietz trink ma a Glasl Wein!"

"Suppele essen ...!"

Der Außenstehende hat also gar keine Ahnung gehabt, was der Mann alles tut. In der Früh ist er gekommen, so um 9 Uhr. Aber schon daheim in seiner Stuben hat er die ersten Besuche empfangen, während er sich also rasierte, empfing er schon die ersten Gäste. Um 9 Uhr ist er dann ins Büro gekommen. Und dann gab's den ganzen Tag über Besuche, Sitzungen, Empfänge etc. Am frühen Nachmittag, wenn die Wartenden langsam weniger wurden, hat er dann oft gesagt:
    "So, und ietz giahn ma a Suppele essen!"

102

Also, ich hab von den Suppelen langsam genug gehabt, ich
wollte einmal etwas Vernünftiges zum Essen.

"Woll, woll, Suppele giahn ma schun no essen! A Suppele
kriang ma schon no!"

Der Walli und die tausend Schnecken

Bevor er in sein Büro gekommen ist, ist er ja jeden Tag in der
Früh auch in den Stall gegangen. Und einmal, da war der
Bundespräsident bei uns, der Kirchschläger, und der Wallnöfer sollte ihn vom Bahnhof abholen. Da ist er also gekommen, der Landeshauptmann, schön angezogen, alles hat
gestimmt. Nur hinten am Rücken hatte er über den Anzug eine
Spur, als wenn tausend Schnecken darübergekrochen wären.

Dann hab ich gesagt:

"Na, Herr Landeshauptmann, wås håben S' denn då? Um
Gottes Willen, wås isch denn des?"

Und er hat gesagt:

"Jå mei! Weard mi hålt a Kuah åbgschleckt håbn!"

Das war also richtig ein Schlecker von unten bis ganz oben
hinauf. Den haben wir dann natürlich fest herausgeputzt.
Also das hat ihn überhaupt nicht besonders aufgeregt. Der
Stall und die Tiere, das hat einfach jeden Tag dazugehört.

"Då låßt ins jå koaner a Ruah!"

Wenn er oft von einer Wien-Reise oder ähnlichem zurückgekommen ist, dann hat er meist eine Menge Dinge zu dik-
tieren gehabt. Und da sind wir dann manchmal irgendwo in
ein Gasthaus in ein Zimmer gegangen, weil "då låßt ins jå
koaner a Ruah!" - und er hat blockweise diktiert. Und da
hat er oft gemeint, ich sei eine "årme Haut", wenn ich das
alles wieder erledigen muß. Die Reden, auch die Rundfunk-
Reden, hat er sich übrigens alle selbst geschrieben bzw. diktiert.

"Bei Ihnen schreit niamend ..."

Er hat schon Verständnis gehabt, wenn jemand am Abend etwas anderes vorhatte. Aber zu mir hat er immer gesagt: "Frau Dokta! Sie bleiben åber schon då! Bei Ihnen schreit niamend! Då miaßn S' nit hoamgiahn!" Und wenn ich halt einmal z.b. ins Theater gehen wollte, dann hat er gesagt:

"Jå, ischt schon recht, aber des und des und des, des miaß ma hålt no måchn!"

Aber - wie gesagt - er hat sich selbst auch nicht geschont, und er hat oft noch nachgedacht, und es ist ihm ja auch immer wieder was eingefallen, und das galt es dann eben zu Papier zu bringen.

Die Sekretärin vom Nixon

Sehr viel im Ausland ist er grad nicht gewesen, das hat er nicht gar so gern mögen. Das Fliegen hingegen, das hat er an sich gern mögen, das hat er gern getan. Er war ja auch einige Male in Amerika. Einmal ist er zurückgekommen und war voll des Lobes über Washington: "Wås des vorstellt, då merkt man schon, daß då die Welt regiert weard!"

Zwei- oder dreimal war er in Washington und hat dort mit allen möglichen Leuten gesprochen. Einmal hat er auch gesagt:

"Die Sekretärin vom Nixon håt nur Guates über ihren Chef gsågt, obwohl se doch ålle in der Presse und in di Medien so beasårtig gegen Nixon sein!"

Und da hab ich zu ihm gesagt, ich würde schon auch zu ihm halten. Das hat ihm also sehr imponiert, daß da die Sekretärin nix über den Nixon kommen hätte lassen.

Weg von daheim

Zusammen mit dem Dr. Eckl und mit dem Kathrein war er auch einmal in Jerusalem. Dann war er natürlich auch in

Südamerika, in Drei-
zehnlinden; noch als
Landesrat war er in
Schweden, später dann
auch in Rom und in
Georgien. Aber er war
nirgends sehr lang. Er
hat's nirgends lang
ausgehalten. Also Aus-
land und "Weg von Da-
heim", das war nicht das
Wahre.

"Iberåll kennen's mi!"

Einmal hat er groß gesagt, er würde jetzt auf Urlaub gehen,
worauf ich ihn frag:
"Jå, wo gehn S' denn hin?"
"Jå, nach Grado obi då!"
"Jå, kennen S' schwimmen?"
"Jå, freilich kånn i schwimmen!"
"Mit der Gattin?"
"Jå, mit der Frau!"
Dann ist er also gemeinsam mit der Frau in Urlaub gefah-
ren. Und nach drei Tagen ist er schon wieder da gewesen.
"Då kånnsch jå nit sein! Ålls Wiener! Ålle håbm mi kennt!
… Då kånnsch jå nirgends hinfåhrn. Iberåll kennen's mi!"

"Na, des muaß drin sein!"

Ab und zu, zu seinem Geburtstag und so, hat ihm der Otto
von Habsburg geschrieben. Da war also ein gewisses Verhältnis da, das die Bauern eben früher zu den Aristokraten
oder zur Monarchie gehabt haben. Auch die Geistlichkeit hat
der Wallnöfer sehr verehrt. Wie er ja überhaupt viel auf
Traditionen gegeben hat. Bei den Firmungsgeschenken zum

Beispiel hat immer ein Gebetsbuch dabeisein müssen. Die Leiterin vom Hilfswerk, die die Firmlingsgeschenke eingekauft hat, hat immer gesagt, die Kinder würden doch keine Gebetsbücher mehr wollen. Worauf er immer sagte:

"Na, des muaß drin sein!"

Also, auf das wollte er nicht verzichten. Das Gebetsbuch in Goldschnitt war zusammen mit der Uhr und mit der Kleidung sein Firmgeschenk.

"Ietz sein S' nit a so geizig!"

Über seine Gesundheit hat er sich nie geäußert. Ihm hat nie etwas gefehlt. Er hat immer gesagt:

"Wie lång ma lebt, des isch Ermessenssåche!"

Der Dr. Eckl wollte streng mit ihm sein, zumindest hat er so getan. Und wenn ich dann zum Wallnöfer gesagt habe:

"Na, Herr Låndeshauptmann, heut kånn i Ihnen koan Wein geben! Des tuat nit guat. Sie müssen jå nåchher då und dort hin!"

Dann hat er geantwortet:

106

"Ietz sein S' nit a so geizig!"

Und dann hat er eben auch wieder gesagt, daß das alles Ermessenssache ist, ob man früher oder später stirbt. Also, gesundheitlich geschont hat er sich in keiner Weise. Er hat geraucht wie ein Schlot, und auch zum Essen hat er ja nie richtig Zeit gehabt.

"Wenn oaner am Boden liegt ..."

Wallnöfer hat ja den Leuten wirklich soviel geholfen, die sind also zu ihm gekommen, wirklich wie zu einem Landesvater. Und er hat halt für alles ein Herz gehabt. Sein Spruch war:

"Wenn oaner am Boden liegt, muasch nit no draufsteigen!"

Er hat wirklich geholfen, so gut es gegangen ist. Obwohl man ihn natürlich schon oft auch ausgenützt hat. Aber das gehört nun mal dazu. Und da hat er gesagt:

"Liaber amål ausgnutzt sein, als oan hålt nit helfen kennen!"

"Wås will ietz der?"

Wallnöfer hat auch auf jeden Brief geantwortet, aber wirklich auf jeden. Und da kommt natürlich massenhaft Post herein. Und wenn die Leute gekommen sind, dann hat er immer so kleine Notizen gemacht, entweder auf die Zigarettenschachtel oder auf so kleine Zettel, da hat er alles aufgeschrieben, zumindest in Schlagworten. Und später dann im Büro hatte er dann Probleme beim Entziffern: "Wås will ietz der? Giahn S', frågen S', wås der will! Ietz woaß i's nimmer, wås ietz der will."

Natürlich, einfach zuviel, nicht? Aber dennoch wurde auf jede Post geantwortet.

Walli und der Uhu

Viel gegolten bei ihm hat natürlich die Jagd. Und einmal, da ist halt ein Uhu gewesen, und der ist ja unter Naturschutz. Und nach dem Uhu ist er jeden Tag schauen gegangen, von Baum zu Baum, bis er ihn wieder gesichtet hat. Und da hat er mir erzählt:
"Frau Dokta! ... So a Mordskerl!"

108

Dann hab ich gesagt:

"Sie, wenn S' den schießn, dånn zeig i Sie ån!"

Worauf er antwortete:

"Jå, Sie sein's im Stånd!"

Die "Frau Minischta" und die Königin

Als die englische Königin in Innsbruck war, da hat ihm das gefallen, daß da eine Frau regiert:

"Weil de kånn decht gånz åndersch reden mit die Männer!"

Er hat also gemeint, daß das ein Vorteil sein könnte, wenn man eine Frau ist, daß man der schwerer etwas abschlagen könnte, oder so.

Können hat er es sonst mit den Frauen sehr gut. Vor allem mit der Frau Minister Firnberg. Die hat er so am Arm genommen und gesagt:

"Hören S', Frau Minischta, deis miaßen S' ma schon måchen!"

Hermann Arnold

Das Unmögliche möglich machen!

*H*ofrat Dr. Hermann Arnold war von
*1973 bis 1987 in der Kanzlei des Landeshauptmannes tätig.
In dieser Zeit entwickelte sich eine sehr nahe Beziehung zwischen dem Ötztaler Hermann Arnold und dem Barwieser
Eduard Wallnöfer. Arnold erinnert sich an viele kuriose und
lustige Ereignisse mit Walli:*
Bevor ich zu Wallnöfer kam, hatte ich nie mit ihm zu tun
und kannte ihn halt als Landeshauptmann wie viele andere
auch. Ich war damals in der Agrarbehörde tätig, und der
Hofrat David Streiter hat mich eines Tages angesprochen
und mich gefragt, ob ich nicht in die Kanzlei des Landeshauptmanns übersiedeln möchte. Und ich habe mich dann
also vom Hofrat breitschlagen lassen und bin mit ihm ins
Büro des Landeshauptmanns gegangen. Wir haben uns dann
zu dritt längere Zeit über meine Aufgaben und Zielsetzungen in meiner neuen Position beim Landeshauptmann unterhalten, worauf Wallnöfer schließlich meinte, meine wichtigste Aufgabe als sein Sekretär sei, "alles Unmögliche möglich
zu machen".

"Denkunmöglich!"

Am lustigsten war es immer, wenn er seine christliche Seele herausgekehrt hat. Wallnöfer war sicher nicht ein übertriebener Katholik, auf keinen Fall bigottisch. Einmal sagte er: "I glaub an vieles, wås in der Bibel steht, und des weard schon ålles recht sein, åber eines måcht mir Kopfzerbrechen, und zwår die Frage, ob Christus iber den See Genezareth gegången ischt. I glaub, des ischt Ermessenssåche." Eine zweite Schwierigkeit zum Thema Religion war für ihn immer die Frage, "ob Christus nie ein Madel gebusst håt, des woaß i nit".

Einmal, als wir bei einem Glas Wein saßen, drehte Wallnöfer in seiner unnachahmlichen Art das Glas Wein und philosophierte darüber, ob der Wein im Laufe der Jahrhunderte mehr Nutzen oder mehr Schaden angerichtet habe. Da von uns keine Antwort zu erwarten war, setzte er seine Überlegungen fort und sagte: "I moan, i woaß es. Nåchdem bei der Hochzeit zu Kanaan Christus Wåsser in Wein verwåndelt håt, ischt es denkunmöglich, daß des ein schlechtes Produkt ischt."

Die christlichen Lebensgrundsätze

Bei seinen Wahlkundgebungen hat der Wallnöfer oft auch über die christlichen Lebensgrundsätze gesprochen. Und bei einer Veranstaltung im Ötztal sagte er dann einmal: "Und wissen Sie, die christlichen Lebensgrundsätze, die sollten wir halt alle ausüben, die da sind: Du sollst nicht stehlen und du sollst nicht alle Tage einen umbringen, die gelten also heute noch."

Gläserne Gefäße

Bei einer anderen Wahlveranstaltung in Langkampfen haben sich die Leute beim Essen einmal ziemlich über die Politiker ausgelassen und sich über deren Phrasendrescherei beschwert. Nach dem Essen hat der Wallnöfer dann auf einer Kundgebung eine Rede gehalten: "Wir Politiker gehen da nicht durch

111

Wallnöfer mit Rudolf Kathrein

die Welt und durch Tirol, um zu sagen, daß mir weiß Gott wås fir Helden sein, åber ordentliche Leite sind wir schon. Und eines können Sie mir glauben, ich gehöre nicht zu denen, die ununterbrochen lügen."

Und seinen Seitenhieb auf die Wiener Politiker, den formulierte er in derselben Rede so: "Wir ziehen nicht durchs Land und meinen, wir seien weiß Gott für Genies, åber rechtschåffene Leite sind wir doch, und auch in Wien gibt es gläserne Gefäße."

Ökonomieräte und Kommerzialräte

In Imst saß ich zusammen mit ihm und dem damaligen Imster Bürgermeister Adolf Walch einmal vor einer Wahl im Gasthof Post. Und da hat er mit seiner Selbstironie den Walch fürchterlich beleidigt. Der Walch, der trug ja den Titel Kommerzialrat, und der Wallnöfer selbst war Ökonomierat. Und

112

der Wallnöfer hat eher scherzhaft zum Walch gemeint: "De
Ökonomieräte und Kommerzialräte, de wählt koa Mensch.
Weil des Volk stellt sich unter einem Ökonomieråt einen wåm-
pigen Bauern und unter einem Kommerzialråt einen versof-
fenen Wirt vor, und de zwoa wählt koaner." Der Walch nahm
diesen Spruch als Beleidigung auf und war längere Zeit ernst-
lich mit Wallnöfer beleidigt.

"Ritze ratze, voller Tücke in die Brücke diese Lücke"

Zu unserem Sekretärinnenpersonal hat er immer gemeint: "Sie müssen mehr essen, mir kommt vor, sie håben nichts zum Essen." Und wenn er gut auf war, dann hat er immer Wilhelm Busch zitiert, immer den gleichen Spruch: "Ritze ratze, voller Tücke in die Brücke diese Lücke - herrlich, wunderbar! Wilhelm Busch!" Das hat er also immer zum besten gegeben.

"Der Kåtz sitzt hintern Ofen!"

Bei uns in seinem Büro hat der Wallnöfer oft gesagt, daß man die deutsche Sprache ja eigentlich gar nicht verstehen könne: "Ob man då etwas klein oder groß schreibt, då kånn jå ein normaler Mensch går nicht draufkommen." Und als Erklärung für seine Theorie hat er dann immer folgendes Beispiel genannt. "Der Kåtz sitzt hintern Ofen - einfåche Regel: Wås man ångreifen kånn, schreibt man groß, und wås man nicht ångreifen kånn, schreibt man klein; 'der' kånn man nicht ångreifen - schreibt man klein, 'Kåtz' kånn man ångreifen - schreibt man groß, 'sitzt' kånn man nicht ångreifen - schreibt man klein, "Hintern" kånn man ångreifen - schreibt man groß, und 'Ofen' auch."

Wallnöfer hat sich an diese seine Regel aber natürlich nicht gehalten, im Gegenteil. Seine Orthographie war fehlerfrei, Beistrichfehler beispielsweise hat Wallnöfer selber erkannt und sofort korrigiert. Er hat den Unterschied zwischen Bildung und Ausbildung sehr wohl gewußt.

Management

Für Fremdwörter hat er eine tiefe Abneigung empfunden. Er trachtete stets danach, möglichst wenige davon zu benutzen. Einmal kam eine damals bedeutende Persönlichkeit zu ihm, äußerte sich über wirtschaftliche Probleme und berief sich auf neue Methoden und Erkenntnisse wie Projektmanagement etc.

Er zählte zahlreiche eng-
lische Wirtschaftsbegrif-
fe auf, was den Walli na-
türlich nicht besonders
beeindruckte. Ein paar
Monate später saßen die
beiden wieder zusam-
men. Das wirtschaftliche
Imperium der bedeuten-
den Persönlichkeit war
inzwischen stark ins
Wanken geraten, wes-
halb Walli zu demjenigen
trocken meinte: "Då

håschts ietz mit dein Mänätschment, då siegsch ietz, wias aus-
schaut!"

Das englische Madl

Offenkundig geschätzt hat der Wallnöfer die Margret That-
cher. "Då", hat er gesagt, "sehts ihrs, då håts miassen kemmen, des englische Madl, de Tätscher, und dia håt iahnen
zoagt, wias geaht!"

Der Krawattenknäuel

Von der Frau Dr. Woitschitzky hat sich Wallnöfer immer
Krawatten kaufen lassen, meistens drei Stück auf einmal.
Und die neuen Krawatten hat er dann ziemlich bald mit Suppe
oder anderen Essensresten "getauft". In seinem Schreibtisch
diente eine Schublade rechts speziell seinen Krawatten. Da
hat er die Krawatten natürlich nicht fein säuberlich zusam-
mengelegt, sondern einfach hineingestopft, bis es einen riesigen Krawattenknäuel gegeben hat. Wenn ihm nun vorgekommen ist, daß er nicht die passende Krawatte anhat, dann
öffnete er die Schublade, nahm mit der linken Hand den total

115

Wallnöfer in Montreal mit Familie Kathrein

verworrenen Krawattenknäuel und zupfte sich mit der rechten Hand einen Schlips heraus. Die Frau Dr. sagte ihm dann meistens: "Na, Herr Landeshauptmann, die paßt nit." Worauf er die nächste Krawatte herauszupfte und die nächste und die nächste und jedesmal fragte: "Geahts a so?"

Der starke Raucher

In der anderen Seite seines Schreibtisches befand sich eine Schublade voller Pfeifen, diversem Raucherwerkzeug, Tabakbeuteln und Zigaretten. Wallnöfer war ein sehr starker Raucher, und zeitweise schmauchte er an einer seiner geliebten Pfeifen, währenddessen im Aschenbecher daneben eine Zigarette qualmte. Wobei dieses Erscheinungsbild keineswegs als Streßsituation zu deuten war, sondern als Ausdruck höchst kreativer Entspannung. Pro Tag hat der Walli sicher seine zwei bis drei Schachteln Zigaretten und nebenbei noch einige Pfeifen geraucht. Und mehr als einmal gab es diverse Brandlöcher in Anzügen, Autositzen etc.

Der Verschwender

Also Pfeifen hat er schon gern geraucht. Bei einem der häufigen Wienbesuche kam der Landeshauptmann in der Nähe des Stephansdomes einmal in ein Pfeifengeschäft und hat sich dann eine ausgesprochen teure Pfeife ausgesucht, die er draußen vor dem Geschäft noch begutachtete und nach langem Hin und Her schließlich kaufte. Nach dieser - für ihn - größeren Anschaffung hat er dann gemeint: "Na, wenn des mei Muatter wissen tat, de sågat: Ietz ischt aus dem Bua a Verschwender wordn!"

Der rote Faden

Wenn man sich die stenographischen Protokolle aller Regierungs- oder Landtagssitzungen seit 1949 ansieht, dann ziehen sich Wallnöfers politische Hauptanliegen wie ein roter Faden durch alle seine Aussagen: "an Frieden, an Årbeit, a Wohnung, Energie, a gscheite Stråßn und a Schual". Wallnöfers Äußerungen von 1949 bis 1987 hinauf sind fast inhaltsgleich.

Das Credo der Selbständigkeit

Was seine Energie- und auch Wehrpolitik angeht, da hat er zu mir einmal gesagt: "A oanfåcher Mensch denkt so: Mir miaßn also selbständig denken und selbständig håndeln und gewisse Såchen muaß a Stååt selber regeln. Dazu gehören die Låndwirtschåft, die Industrie, gscheite Leit und auch die Energie. Wissen Sie, wenn mir Kråftwerke bauen, dånn tuan mir des nit aus Bosheit, sondern weil mir denken, daß mir unselbständig sein - denn: De brauchen heit koane Pånzer mehr, de brauchen heit lei in Stromhebel umdrahn, dånn håm mir koan Strom und koa Gas und koa Öl, und dånn liegn mir aufn Maul!"

Ålte Kråcher

Vor den Wahlen 1984 gab es eine kleine Diskussion um Wallnöfers Alter, er war ja doch schon über 70. Und da hat der Walli zur Frau Dr. Woitschitzky gesagt: "Wissens Frau Dokta, I håb jå die Mander mit 65 mei Lebtåg als ålte Kråcher betråchtet, und ietz tret i wieder ån." Und auf die Frage, ob er bei der nächsten Wahl wieder antreten würde, antwortete er: "Ob i im Jåhr Zwoatausend no amål åntret, woaß i heit no nit."

Hunger im Landtag

1986 inszenierte die Tiroler SPÖ einen Sonderlandtag zum Thema Nachtfahrverbot. Und da passierte folgendes: Der

117

Wallnöfer hat sich über diesen Landtag ziemlich geärgert, weil er da ständig dabeisein mußte, und einmal plagte ihn offensichtlich der Hunger, und er bat jemanden, ein Würstel zu bringen. Und dieses verzehrte er dann in aller Ruhe auf der Regierungsbank neben dem Berichterstatter und dem Landtagspräsidenten. Das war also laut Aussagen von langjährigen Regierungsmitgliedern das einzige Mal, daß im Hohen Haus so etwas passierte, das hatte es noch nie gegeben.

Der hartnäckige Sandler

Probleme hatte ich im Vorzimmer des Landeshauptmanns manchmal mit den vielen Bettlern, die immer zu ihm gekommen sind. Einmal vor Weihnachten versuchte ein Sandler, der erst am Vortag im Auftrag des Landeshauptmanns von mir tausend Schilling erhalten hatte, erneut zum Wallnöfer vorzudringen. Ich sagte ihm, der Landeshauptmann sei heute nicht zu sprechen. Der Bittsteller ließ sich aber nicht abwimmeln und sagte dann, er würde später nochmals kommen.

Ich geh' dann zum Wallnöfer und sag ihm: "Herr Låndeshauptmånn, ietz wår der scho wieder då, jedn Tåg kemmen soundsoviele, des ischt koa Zuastånd." Wallnöfer antwortete: "Jå, håscht scho recht, Arnold, wås tian mir då?!"

Wallnöfer überlegte kurz und gab mir dann erneut tausend Schilling für den Sandler mit der Bemerkung: "Åber glab mir des, wås dia heit fir a Freid håbn, wenn se wieder amål an richtign Rausch håbn."

Karl Graf Stolberg

Bürgerliches Gesindel!

Wallnöfer war ein Mensch, eine Type, die wahrscheinlich in einer modernen Demokratie gar nicht mehr geboren werden kann. Das ist einfach nicht mehr möglich, weil damals kamen die Politiker aus einer - im besten Sinne - "autoritären" Zeit; Autorität ist ja nichts Schlechtes. Und diese Leute haben halt Dinge gemacht, wo sie gesagt haben: "Ich glaube, das ist das beste für das Land, und das mach ich jetzt auf meine Kappe!" Ich weiß nicht, ob solche Leute wie der Wallnöfer heute noch geboren werden können.

Wallnöfer hatte einfach einen gesunden Menschenverstand, und er hat gewußt, was dem Land gut tut und was dem Land nicht gut tut. Und er kam aus einer Zeit, in der das Patriarchalische noch eine große Rolle gespielt hat. Genauso wie ein Raab, ein Adenauer, ein De Gaulle, ein Churchill, alle diese Typen. Und die hatten natürlich auch die Bereitschaft, Verantwortung zu tragen. Heute hat man ja den Eindruck, daß keiner mehr für irgendwas die Verantwortung tragen will.

Nur glaube ich, daß der Wallnöfer manchmal mehr auf jene Kritiker hätte hören müssen, die es gut mit ihm gemeint haben, als nur auf die, die ihm den Weihrauch geschwenkt haben.

Er hat ja die Wahrheit zunächst nicht gerne gehört, auch Kritik hat er ja nicht gerne gehört. Aber letzten Endes - wenn er dann mit sich allein war - war er dankbar, daß man es ihm gesagt hat. Man konnte auch ganz grob mit ihm sein. Ich hab ihm einmal in bezug auf das Liebherr-Hotel gesagt: "Herr Landeshauptmann, wenn der Napoleon gewußt hätte, daß das Land Tirol bestechlich ist, hätt er sich die Schlacht am Bergisel erspart." Er hat mich dann angeschaut und gefragt, wie ich das so meine. "Ja, genauso mein ich's!" Das hat er geschluckt, das hat er mir also nicht böse genommen.

Man konnte also wirklich offen mit ihm reden. Im Stieglbräu saßen wir einmal nach einer für die ÖVP verlorenen Nationalratswahl. Und da haben wir also zum Walli gesagt: "Da seid's schon ihr selber auch schuld. Wir haben euch ja gewählt." Und da war er dann beleidigt und hat gesagt: "Bürgerliches Gesindel!" Worauf ich dann gesagt habe: "Herr Landeshauptmann, jetzt gibt's nur eins: entweder wir verlassen den Tisch oder Sie verlassen ihn." Und dann ist er aufgestanden und ist gegangen.

Er war einfach ein Phänomen, ein unstudierter Bauernbub, ein halbes Waisenkind, aufgezogen in der Armut. Er war für mich ein politisches Phänomen. Was der Wallnöfer alles hergebracht hat! Er war ein einmaliger Typ!

Hans Hauser

Es hat von ihm nie Interventionen gegeben!

Der ehemalige Tiroler Landesintendant des Österreichischen Rundfunks, Hans Hauser, hat die Ära Wallnöfer von Anfang an miterlebt, zuerst als Chefredakteur, von 1968 bis 1986 dann als Intendant. Er sagt, er habe eigentlich nur gute Erinnerungen an seine Ära mit Wallnöfer.

Als Chefredakteur und als Intendant hab' ich nur die allerbesten Erinnerungen an Eduard Wallnöfer. Wallnöfer war vor allem Politiker, und ich glaube nicht, daß es nach ihm einen auch nur ähnlich so starken Politiker gegeben hat. Ich sehe weit und breit keinen.

Er hat in sich vereint einen Weitblick, ein unglaubliches Gespür für das, was gerade notwendig war und auf was es ankommt. Später hat man ihm dann vielleicht das eine oder andere zum Vorwurf gemacht, weils ja immer geheißen hat, er hat Tirol verbetoniert. Aber man muß sich nur einmal vorstellen, wie Tirol oder das Inntal heute aussähe, wenn diese Auto-

121

bahn nicht wäre. Also, ich kann mir das nicht vorstellen, dann
wär halt das Inntal verstopft, oder wir würden umfahren, was
Wallnöfer damals aus wirtschaftlichen Gründen ja immer be-
fürchtet hat.

Dann hat er ein unglaubliches Geschick gehabt, mit den Leuten zu reden, seine Vorstellungen plausibel zu machen, klar zu machen. Man hat immer gewußt, um was es geht, wenn man mit ihm über irgendein Problem geredet hat.

Und dann war er ein Diktator - in gutem Sinne ein Diktator -, der einfach dann, wenn es darauf angekommen ist, nicht gerade mit der Faust auf den Tisch gehaut hat, aber der sich durchgesetzt hat, und es hat Entscheidungen gegeben. Und das alles zusammen hat seine erstaunliche Wirkung als das, was man Landesvater nennt, ausgemacht. Er war ein wirklicher Landesvater, den es heute nicht mehr gibt. Heut' sind die Politiker - meiner Meinung nach - viel zu technokratisch und zu wenig vom G'spür her, von der Emotion her, vom Herzen her, wenn man so will.

Und das, was mich dann im besonderen betroffen hat, das hab' ich nicht nur als Chefredakteur schon gemerkt, sondern besonders dann auch als Intendant: Es hat von ihm nie Interventionen gegeben, nie!

Das Verhältnis Bacher - Wallnöfer

Bei meiner Bestellung 1968 hat es ja einen Riesenkrach gegeben. Der damals neue Generalintendant Gerd Bacher hat fast sämtliche Spitzenpositionen neu besetzt, das ganze obere Management ausgewechselt, und darunter auch das Landesstudio Tirol. Der Bacher wollte mit meinem Vorgänger, dem Hofrat Scheidle, einfach nicht mehr neu beginnen, sondern er wollte eben auch in Tirol einen neuen Intendanten hinsetzen. Und Bacher hat sich dann nach vielen Gesprächen für mich entschieden, der Wallnöfer aber wollte unbedingt, daß der Scheidle, der ja kurz vor der Pensionierung stand, so mehr oder weniger einen anständigen Abgang hat. Und der Wallnöfer wollte halt, daß der Scheidle das durch eine Wiederbestellung bekommt. Der Bacher aber, der wollte nicht. Nun hat der jeweilige Landeshauptmann bei der Bestellung des Landesintendanten ein Anhörungsrecht, aber kein Mitbestimmungsrecht, und dann hat es eben dieses schon in die Geschichte eingegangene Gespräch zwischen Bacher und Wallnöfer gegeben. Diese Anhörung fand im Landhaus, im Büro des Landeshauptmanns statt und dauerte ziemlich genau eineinhalb Minuten. Der Wallnöfer hat gesagt:

"Ah, jå, Sie kemmen wegn dem Låndesintendanten!"

Bacher: "Ja!"

Wallnöfer: "Jå, des isch eh klår, des weard der Scheidle!"

Bacher antwortete:

"Nein, das wird nicht der Scheidle, ich möcht gern den Herrn Hauser vorschlagen!"

Wallnöfer: "Na, des weard nit der Hauser, des weard der Scheidle!"

Bacher: "Nein!"

Also, ein Wort gibt das andere, und dann hat es einen großen Tuscher getan im Landhaus, und nach eineinhalb Minuten sind die beiden bitterböse auseinandergegangen und es hat keinen Landesintendanten gegeben.

Es hat dann die Aufsichtsratssitzung gegeben mit der Bestellung der Landesintendanten für die Bacher-Ära Nummer eins. Und da gab es in jedem Landesstudio einen neuen Intendanten, nur in Tirol nicht. In Tirol bin ich dann vom Bacher ohne Beschluß des Aufsichtsrates zum kommissarischen Leiter des Landesstudios ernannt worden, was ich dann etwa drei oder vier Monate lang geblieben bin, bis ich dann auch als Intendant bestellt wurde.

Und in dieser Zeit hat es jede Menge Interventionen vom Wallnöfer gegeben, bei allen möglichen Regierungsstellen, beim Bundeskanzler, bis zum Kardinal hat er interveniert, weil er es nicht wahrhaben wollte, daß er - das Denkmal Tirols -, daß er sich da das erstemal nicht durchsetzt. Also, das war eine herrliche Geschichte!

Damals hat das zwar bedrohlich ausgeschaut. Man hat geglaubt, Bacher und Wallnöfer wären jetzt Todfeinde, aber sie haben sich dann bald versöhnt. Das war auf der Zugspitze, da wurde ein neuer ORF-Sender in Betrieb genommen, und da hat es eine große Feier gegeben, und von verschiedenen Seiten wurde versucht, da eine Versöhnung herzustellen, und das hat dann auch funktioniert.

Es wurde also dafür gesorgt, daß die beiden im Wirtshaus nebeneinander sitzen. Und da hat der Bacher, der ja auch einen ungeheuren Charme entwickeln kann, das dem Wallnö-

fer halt noch einmal erklärt. Sie haben sich zusammen geredet, haben später dann Bruderschaft getrunken, und nach
dem dritten oder vierten Glasl hat der Wallnöfer zum Bacher
gesagt:
"Åber Gerd, soviel Måcht, wia du håsch, de tat i nit amål
meim Bruader gebn!"
Und dann sind sie jahrelang ein Herz und eine Seele gewesen, der Bacher und der Wallnöfer.

"Låß den Hauser in Ruah!"

Also, bei meiner Bestellung, da gab es Interventionen von seiten Wallnöfers. In das Programm aber hat er nie irgendwie
hinein interveniert. Ich hab' im Jahr oft nur ein-, zweimal
Kontakt mit ihm gehabt. Da bin ich zu ihm in sein Büro
gekommen, er hat bei der legendären Frau Amtsrat Woitschitzky gleich einmal "zwoa Reatln" bestellt, das waren also
zwei Achtel Rotwein, und dann hat er mich zu allen möglichen Dingen gefragt, zu Südtirol, zu dem und jenem, nur
nie zum ORF. Wenn ich ihm dann endlich etwas sagen wollte vom ORF, dann hat er vielleicht ein, zwei Minuten zuge-
horcht, und dann hat er gesagt: "Ah, du måchsch des scho
richtig!"
Irgendein Landtags-Abgeordneter wollte sich einmal bei
ihm über mich beschweren, wegen irgendeiner Sendung. Der
hat offenbar den direkten Weg zu mir nicht beschreiten wollen und ist deshalb zum Wallnöfer. Und der Wallnöfer - so
wurde es mir von Zeugen überliefert - hat dem nur gesagt: "Låß
den Hauser in Ruah! Der måcht des schon richtig!" Also, ich
denke in voller Ehrerbietung, Dankbarkeit und Hochachtung an den Wallnöfer zurück. Schade, daß es so große Männer nicht mehr gibt!
Er hat auch nie in personellen Dingen interveniert, was ja
manche Politiker geradezu als ihr Recht empfinden, daß sie
manipulieren, sich einmischen, mitreden bei Stellenbeset-
zungen usw. usw. Also, das hat es beim Wallnöfer nicht gege-

ben. Er war ein geradezu vorbildlicher Politiker, der sich nie in die Arbeit einer Redaktion eingemischt hat.

Die Sendung des Landeshauptmannes

Es hat damals wie heute die Sendung des Landeshauptmannes gegeben, eine Art Belang-Termin, der irgendwann eingeführt wurde und auch von allen Parteien akzeptiert wurde - mit der Auflage, daß der Wallnöfer da keine Parteipolitik betreibt, sondern die Dinge sagt, die für das Land wichtig sind.

Und der Wallnöfer war eher mikrofonscheu und hat x solcher Sendungen einfach ausfallen lassen. "I håb nix, i håb eh schon ålls gsågt!"

Das Mikrofon war ihm also nicht ganz geheuer. Auch, wie dann das neue Funkhaus gestanden ist, hat ihm das nicht behagt. Und in den politisch schwächeren Zeiten hat er wirklich zwei, drei Sendungen hintereinander einfach ausfallen lassen. Er hat zu mir dann einmal gesagt: "Wenn i eppes brauch, meld i mi schun!" Und dann hab ich das so eingerichtet und hab auch die Redaktion entsprechend instruiert, wenn der Landeshauptmann von sich aus etwas sagen will, dann ist diese Bitte zu erfüllen. Mikrofon und Sendezeit standen ihm also automatisch offen. Und diese Möglichkeit hat der Landeshauptmann von Tirol vielleicht zweimal, höchstens dreimal genützt. Also, auch daran kann man erkennen, daß eine enorm starke Vertrauensbasis zwischen uns vorhanden war. Es war immer ein sehr, sehr sachliches und von gegenseitiger Achtung getragenes Verhältnis, und ich hätte es mir besser gar nicht vorstellen können.

Wallnöfers letzter Auftritt als Landeshautpmann

Der letzte öffentliche Auftritt des Landeshauptmannes war meine Verabschiedung. Das war also wirklich sein allerletzter Auftritt als Landeshauptmann. Er hielt anläßlich meiner Verabschiedung im Funkhaus noch eine Rede, da war er gesundheitlich schon schwer angeschlagen. Ich bin da von ihm natürlich schon ziemlich gelobt worden, aber dem anwesenden Generalintendanten Podgorski, dem hat er so einen Schlenzer hinverpaßt, der war nicht von schlechten Eltern. Da ging's um die Verrohung im Fernsehen. Das Fernsehen, das war dem Wallnöfer irgendwie ein bißchen unheimlich.

Empfang am Arlberg

Ich kenne eine Formulierung von Wallnöfer, die ich vorher und nachher nie wieder gehört habe. Das war bei der Eröffnung des Arlberg-Tunnels 1978, die ist ja aus verschiedenen Gründen in die Geschichte eingegangen: Damals hat es ja aus diesem Anlaß die Auszeichnung von Kreisky und Androsch mit dem Ehrenzeichen des Landes Tirol gegeben, was viel Aufregung verursachte, was aber den Wallnöfer nicht gezipft hat. Da hat er einfach gesagt: "Jå, de håm mir geholfen, und dåher kriagen se de Auszeichnung!" Da hat es also nichts gegeben, das war eben der Diktator Wallnöfer, nicht?

Und damals gab es aber auch eine der ersten großen Streitereien zwischen Kreisky und Androsch, die waren sich in irgendeinem Punkt nicht einig. Und der Wallnöfer hat versucht, zwischen den beiden SPÖ-Politikern zu vermitteln. Und wie das halt der Wallnöfer so gemacht hat: Er tat dies mit Rotwein. Das ist dann allerdings eine recht einseitige Angelegenheit geblieben, weil der Kreisky nichts getrunken hat, der Androsch aber schon.

Und in diese Vermittlung hat er dann auch den Gerd Bacher hineingezogen, den er ja inzwischen hoch geschätzt hat. Und der Androsch, der Bacher und der Wallnöfer, die sind vom Hospiz-Wirt Adi Werner bestens betreut worden und haben halt mit der Zeit doch zuviel getrunken gehabt. Nun gab es aber nach dieser Eröffnung ein Abendessen der Tiroler Landesregierung zu Ehren des Bundespräsidenten in Zürs. Und die drei - Bacher, Androsch, Wallnöfer -, die sind ewig in St. Christoph gesessen und wollten einfach nicht gehen. Die Protokollbeamten haben schon auf die Uhr geschaut, es war eine fast schon peinliche Angelegenheit. Der Androsch wollte überhaupt nicht nach Zürs, weil da "kommt er ja wieder mit dem Kreisky zusammen" usw.

Schließlich sind wir - ich war ja mit dem Bacher unterwegs - dann aber doch endlich nach Zürs, und die haben alle schon auf uns gewartet. Der Bundespräsident Kirchschläger saß bereits am Tisch, neben ihm seine Frau, und da kommen also diese drei da herein, schon ein wenig angeschlagen. Und der Wallnöfer nimmt genau gegenüber vom Bundespräsidenten Platz und er wartet keine drei Minuten, steht auf und haltet eine perfekte Tischrede, ohne auch nur einmal zu stottern, und da hat er diese Formulierung gebraucht, die wir vorher nie gehört haben und nachher nie wieder gehört haben. Er hat gesagt: "Hohe Frau, Herr Bundespräsident!" Und alles war fasziniert - der Ausdruck, und wie er das gesagt hat, er hat sich verneigt vor der Frau des Bundespräsidenten. Es war unglaublich, das werde ich nie vergessen: "Hohe Frau, Herr Bundespräsident!"

Wolfgang Pfaundler

Die fünf S

Wenn ich heute so zurückdenke, würde ich prinzipiell sagen, die hervorragendste Eigenschaft des Eduard Wallnöfer war, daß er ein durch und durch sozialer Mensch war. Jeder Politiker hat das Wort "sozial" in seinem Mund, aber ich habe es niemandem abgenommen, ausgenommen der Person Eduard Wallnöfer. Wenn dich der Landeshauptmann gefragt hat: "Wie geht's dir denn?", so war dies bei ihm keine Floskel oder eine Frage um der Frage willen. Als gegen mich in den 60er Jahren ein Verfahren lief, erhielt ich einen Anruf vom Landeshauptmann Wallnöfer: "Höre Doktor, wie isch es bei dir zu Weihnachten heuer?" Ich war damals im Zuge des Prozeßverfahrens aufgrund meiner politischen Aktivitäten auch in beruflichen Schwierigkeiten, ein Verlag hatte mir geraten, meinen Vertrag aufzulösen. Wallnöfer hatte nicht nur Kenntnis von meinen Problemen - er war geradezu besorgt. Es war unglaublich, wie sehr ihm Schicksale von Menschen, gleich welcher Herkunft, nahe gingen und innerlich bewegten. Ein weiteres Beispiel: Als es im Stift Stams zu einem großen Brand kam und das Feuer viele Kunstwerke vernichtete, erlitt ein Pater eine schwere Rauchgasvergiftung. Obwohl dem Landeshauptmann die Kirchen und

Klöster Tirols - und das Stift Stams besonders - sehr am Herzen lagen, erkundigte sich Wallnöfer zuerst nach dem Befinden des verletzten Paters. Diese Haltung ist äußerst symptomatisch für den Menschen und Politiker Eduard Wallnöfer. Ich meine, diese Haltung wurde geprägt durch die Armut in der Kindheit und durch die Vaterlosigkeit, die Wallnöfer erleben mußte. Aus dieser seiner persönlichen Geschichte heraus läßt sich vielleicht die Entschlossenheit erklären, mit der er seine Hauptlebensziele verfolgte: Beseitigung der Armut in Tirol. Einmal sagte ich zu ihm: "Wenn man über dich etwas schreiben müßte, Landeshauptmann, dann wären fünf S maßgeblich für dein Leben: Schule, Spital, Straßen, Strom und Südtirol."

Neben seiner einzigartigen sozialen Einstellung möchte ich einen zweiten Aspekt nicht unerwähnt lassen, der die Persönlichkeit Wallnöfer ausgemacht hat: die Bauernschläue.

Den Vintschgauern sagt man ja eine überdurchschnittliche Bauernschläue nach. Wallnöfer stammte aus dem Vintschgau, und seine Bauernschläue - gepaart mit ein bißchen Schauspielerei - erzeugten eine phänomenale Wirkung. Anhand einer Begebenheit aus dem Ötztal läßt sich diese Wirkung sehr gut veranschaulichen: Als die Ötztaler Gletscherbahn zum Gaislachkogel hinauf feierlich eröffnet wurde, waren neben zahlreichen Vertretern aus Wirtschaft und Politik von ganz Österreich selbstverständlich auch der damalige Bundespräsident Franz Jonas und Landeshauptmann Wallnöfer zugegen. Wie üblich bei solchen Anlässen, wurden durch Kinder Blumen überreicht. Der Bundespräsident schüttelte den Kindern die Hand, nahm einen Strauß Edelweiß entgegen und reichte sie gleich zu seinem Adjutanten nach hinten. Der Landeshauptmann von Tirol hingegen nahm seinen Hut ab, steckte ein Edelweiß mit einer langsamen Bewegung darauf, setzte den Hut auf, nahm das Kind auf seinen Arm und sagte: "Na, ischt des a scheaner Stern!" Der Effekt war, daß alle Kameras ausschließlich auf den Landeshauptmann gerichtet waren. Auf die Frage, wie ihm dieser mediale Schachzug

bloß eingefallen sei, meinte er später nur verschmitzt: "Geah, reds koan Bledsinn!"

Wallnöfer hatte also eine sehr natürliche Popularität, sogar in Wien. Einmal war ich mit ihm mit seinem Dienstwagen mit dem T 1-Kennzeichen in Wien. Als wir über den Ring fuhren und in den Bereich des Heldenplatzes kamen, stand das schwere Eisentor bereits offen, und Wallnöfers Chauffeur meinte, wir könnten ruhig durchfahren. Also fuhren wir mit unserem Dienstwagen in Richtung Bundeskanzleramt, während die Passanten vorerst wütend schauten. Als sie aber das Kennzeichen T 1 erblickten, wandelten sich die bösen Blicke in freundliches Winken. Am nächsten Tag passierte es uns, daß wir gegen eine Einbahn fuhren, in der uns eine Straßenbahn entgegensteuerte. Wutentbrannt bremste der Straßenbahnchauffeur ab, sprang mit einem Satz heraus und setzte zu einer Schimpftirade an. Als er aber erkannte, daß Landeshauptmann Wallnöfer aus Tirol im Auto saß, stand der Chauffeur nur mehr da und salutierte. Wallnöfer genoß also in Wien sowohl in der Bevölkerung als auch bei den hochrangigen Persönlichkeiten ein schier unglaubliches Ansehen. Geliebt hat er aber natürlich nichts so sehr wie seine Heimat Tirol. Wenn er von auswärts Richtung Heimat fuhr oder Tirol mit dem Flugzeug überflog, dann sagte er: "Wenn man da von Wien herfliegt nach Tirol, und man sieht schiane Häuser iberall vom Flugzeug aus, då woaß man, man ischt dahoam!"

Wallnöfers Kulturverständnis hatte in hohem Maße mit seinem Traditionsbewußtsein zu tun. Einmal hatte der Helmut Zilk zu ihm gesagt: "Ich beneide euch um Vereine wie die freiwillige Feuerwehr. Jedes Tiroler Dorf hat eine solche." Worauf Wallnöfer meinte: "Ja, in jedem Dorf gibt es eine Gemeinschaft, ob das die Schützen, die Feuerwehr oder die Blasmusik ist." Wallnöfer war stolz auf die Dauerhaftigkeit dieser Gemeinschaften. Sein Verhältnis zur modernen Kunst war sicher etwas getrübter. Im Bereich der Malerei und der bildenden Kunst zählten Max Weiler und Rudi Wach zu den wenigen, die er schätzte. Wobei bisweilen unklar war, ob er die Person des Künstlers achtete oder deren Werke. Bei Weiler imponierten dem Landeshauptmann schon auch dessen internationalen Erfolge.

Karolina Schreier

Na, des isch a Spinner!

*Karolina Schreier ist Bäuerin in Horn-
bach, oberhalb von Oberhofen. Sie ist aber auch die Tochter
von Josef Schreier und Marianne Wallnöfer, und damit die
Stiefschwester von Eduard Wallnöfer. Geboren wurde sie
1917, war also vier Jahre jünger als Eduard. Sie sagt, sie
habe schon viel vergessen aus ihrer und aus Edls Kindheit. Sie
wisse aber genau, daß damals hin und wieder gestritten wurde.*
Als Bub håt da Edl schon oft zum Kiahhiatn mitmiaßn. Die
Tiere wårn dåmåls seine Lieblingsbeschäftigung, vor ållm die
Rösser. Der isch a richtiger Viechnårr gwesn! Er wär a richtiger Bauer gwesn! Er isch oanfåch ållm so a Viecheler gwesn,
auf die Roß, auf de isch er gånz narrisch gwesn!

*Karolina Schreier, die einfache Bäuerin aus Hornbach,
erinnert sich auch an Wallnöfers Jugendstreiche:*
Und bei Dummheiten isch er überåll dabei gwesn. Då sein
ållm a paar Buaben beinånd gwesn - sechs oder sieben -, und
beim Föger Franz in der neuen Schupfen håbn se ållm graucht.
Und der Franz håt so einen Zorn ghåbt, der håt gmeint, ietz

zünden se ihm den Schupfen ån. Also bei dem Blödsinn isch er überåll dabei gwesn. An so wås erinner i mi no viel. Stock gschlågn håm mir und lauter so a Zuig. Ålle Nåcht isch då etwås gwesn. Tischl gruckt håm mir a. Der Edl weard scho gwußt håbn, wås des isch, åber i und di Luise håbn's schon glaubt, daß des so stimmt. Åber des isch ja ålls a Schmårrn gwesn.

Mit dem Stiefvater habe sich der junge Edl recht gut verstanden, nur wegen der Landwirtschaft seien sie sich später öfter in die Haare gekommen. Karolina erzählt:

"Edl" in Oberhofen

Der Edl isch aufm modernen Stil gwesn, und der Våter isch hålt aufm ålten Stil gwesn. Und in Imscht oben håt er hålt a des Moderne gsegn, und då håt's scho wieder kråcht. Åber dånn håbn se sich wieder guat vertrågn. In der Zeit wår der Edl dånn auch Jungbauernobmann, und då håbn se den Versuachs-Åcker gmåcht. Und då håbn die Leit im Dorf scho gsågt: Na, des isch a Spinner! Des isch a Tolben!

Eduard Wallnöfer war als junger Bauer also durchaus progressiv und fortschrittlich, und er war damals auch keineswegs bei jedem beliebt und angesehen, was sich freilich spä-

135

*ter rasch änderte.
Karolina Schreier erin-
nert sich daran, daß -
als sein politischer Auf-
stieg begann - plötzlich
alle nur mehr seine
Freunde sein wollten.*
Nach Oberhofen kam
der "Edl" dann nicht
mehr allzu oft, sagt
Karolina:
Er isch scho immer
wieder kommen, z'Ållerheiligen wår er immer då!

*Erst in den 80er Jahren kam er wieder häufiger auf den
heimatlichen Hof in Hornbach:*
In der letzten Zeit in der Pension, und als Låndeshauptmann
scho, isch er wieder oft herkommen.

Franz Dengg

Im Stieglbräu

Er war viel bei uns und hat immer seine einfachen Dinge haben wollen, immer das gleiche: Beuschel, Würstel mit Saft, Gulasch, Kalbskopf, Gröstl. Getrunken hat er hauptsächlich Rotwein, Südtiroler Wein, und hin und wieder einen Kaffee, Schnaps und Bier weniger. Er hat vom Wein eher viel verstanden.

Zum erstenmal ins Stieglbräu ist er 1949 gekommen, nachdem er völlig überraschend in den Landtag gekommen ist und dann gleich Landesrat wurde. Jetzt hat der Wallnöfer in der ganzen Stadt niemanden gekannt. Und so ist er dann eben zu uns ins Stieglbräu gegangen, und mein Vater hat sich gleich mit ihm angefreundet. Und durch das Gasthaus hat er viele Menschen kennengelernt. Er hat ja ein besonderes Ohr zum Volk gehabt, er hat ja wirklich mit den Menschen reden können, und er hat eine Ausstrahlung gehabt, die man auf der Uni nicht lernen kann.

Er ist jeden Tag mindestens zwei- bis dreimal gekommen, er hat oft mittags gegessen, nachmittags auch manchmal eine Kleinigkeit und abends auch manchmal. Und im Stieglbräu hat er auch alle seine Freunde kennengelernt, vom Buggels bis zum Grafen Stolberg. Die haben sich also alle gegenseitig

137

befruchtet und auch gegenseitig bearbeitet. Oft war er auch bis zum Schluß da, er war ja sehr gesellig. Und er hat nicht viel Schlaf gebraucht. Er war sicher 18 bis 20 Stunden am Tag bereit zu politisieren. Er war aber auch ein einseitiger Mensch, er hat kein anderes Thema zugelassen, weder Frauen, Kunst oder Kultur. Für ihn hat es nur Politik gegeben und dann noch Jagd, Schützen, Bauern und Landwirtschaft. Der Sport hat ihn schon gar nicht interessiert. Was er nicht mögen hat, waren Witze. Also Witze erzählt hat er nie in seinem Leben. Er hat in einer Runde aus Toleranz ein oder zwei Witzen zugehört, und dann hat er immer das Thema gewechselt. Ganz böse war er, wenn man politische Witze erzählt hat. Eine Zeitlang waren diese Jonas-Witze aktuell. Und da hat er gesagt: "Der Jonas ischt ein hervorragender Månn, kommt aus einfåchsten Verhältnissen, er ischt ein gelernter Schlosser und ein hervorragender Bürgermeister von Wien. I kenn ihn guat, weil er Låndeshauptmånn ischt, genauso wia i, und iber den Menschen låß i koane Witz nicht måchen."

Mit ihm zusammen gesessen sind auch immer die Sozialisten und die Freiheitlichen. Er hat immer gesagt: "Kommt, setzts euch her!" Er war einfach eine große politische Figur. Heute geht die ÖVP dreibündisch essen, wenn sie Sitzungen hat, der ABB (= ÖAAB) dort hin, die Wirtschaft dahin und der Bauernbund wieder woanders. Das hätte es beim Wallnöfer nicht gegeben.

Wenn er in der Früh aufgestanden ist, so hat es sich eingebürgert, daß oben in seiner Stuben in Barwies schon die ersten mit einem Problem auf ihn gewartet haben, das war also üblich. Und gewisse Leute haben auch bei uns genau gewußt, daß der Landeshauptmann mittags in das Stieglbräu kommt, und dann haben sie schon auf dem Gehsteig auf ihn gewartet. Aber er hat nie gesagt, er wolle jetzt eine halbe Stunde Ruhe zum Essen. Im Gegenteil: Wenn keiner da war, hat er gesagt: "Isch koaner då heite, will koaner eppes? Dånn bin i als Låndeshauptmånn eigentlich nicht mehr so gefragt!"

Er hat auch nie Umfragebüros gebraucht. Weil der Wallnöfer ist in die Gasthäuser gegangen, und dann hat er gewußt, wo es lang geht.

Einmal saß er gerade da, als Studenten hereinkamen, zwei Männer mit 14 Schülern. "Grüß Gott, Herr Landeshauptmann, können Sie sich nicht mehr erinnern? Wir haben in Innsbruck studiert und waren oft im Stieglbräu, und da haben Sie uns manchmal eine Runde Bier gezahlt." Der Wallnöfer fragte die beiden, was sie denn jetzt machen würden. "Heute sind wir Professoren im Gymnasium in Wels und haben drei Tage Matura-Ausflug in Innsbruck. Alle haben bestanden." Und da hat sich der Wallnöfer mit den jungen Menschen gefreut und hat gesagt, alle sollen sich hinsetzen und alle bekommen zu Essen und Trinken und das bezahlt er. Und das hat er von seiner eigenen Tasche bezahlt, nicht etwa über irgendein Verfügungskonto. Er hat ja immer den Studenten ein Schnitzel und zwei Bier bezahlt.

Alois Schöpf

Das letzte Interview

Im Jahr 1986 wurde ich von der Tiroler Landesregierung beauftragt, zur Eröffnung der neuen Frauen- und Kopfklinik in Innsbruck eine Dokumentation zusammenzustellen. Wie bei derartigen Festschriften üblich, blieben die ersten Seiten für die Bauherren reserviert. In diesem Fall waren es der Finanzminister der Republik Österreich, Ferdinand Lacina, und der Landeshauptmann von Tirol, Eduard Wallnöfer. Zu den bestbezahlten Tätigkeiten von Intellektuellen gehört es bekanntlich, im Vorzimmer eines Politikers zu sitzen und ihm die Reden zu schreiben. Eigenartig ist nur, daß all diese Vor- und Geleitworte aus den Kanzleien der Macht nicht nur ziemlich ähnlich, sondern meist auch niederschmetternd staatstragend klingen. Daher regte ich an, zumindest jene Politiker, derer ich habhaft werden konnte, in Form eines viel lebendigeren Interviews über das neue Bauwerk sprechen zu lassen. Auch das Büro Wallnöfer sicherte mir einen Termin zu. Bedauerlich war nur, daß er dann immer wieder abgesagt und verschoben werden mußte, was mir mit den meisten Primarärzten allerdings ebenfalls passierte.

In diesem Fall ist es für einen Publizisten an der Zeit, die letzte und schärfste Waffe zu zücken und auf die Macht der menschlichen Eitelkeit zu vertrauen. Nachdem der Redaktionsschluß bereits sträflich überschritten war, teilte ich im Namen der Klinik-Projektdirektion allen noch Säumigen schriftlich mit, daß wir auf ihre Anwesenheit in der Festschrift verzichten müßten, wenn sie sich nicht binnen zweier Tage zu einem Interview bereit erklärten.

Bei Wallnöfer dauerte es natürlich etwas länger. Dennoch saß ich einige Tage später in seinem feudalen Büro im Alten Landhaus und bewunderte den vollbärtigen Vorzimmerwaschel, der verdächtig wie Andreas Hofer ausschaute. Dann wurde ich vorgelassen.

Das erste, was mir an Wallnöfer auffiel, war sein Zustand totaler Ramponiertheit. Vom kräftigen, witzigen und bulligen Politiker, wie ich ihn aus dem Fernsehen kannte, war da rein gar nichts mehr zu bemerken. Ein hinfälliges, armseliges Männchen watschelte um den Schreibtisch herum, schüttelte mir die Hand und deutete mit greisenhafter Geste auf die Sitzgarnitur, wo wir uns niederließen.

Aber nicht nur körperlich war Wallnöfer das, was man etwas respektlos als ein Wrack bezeichnen würde. Auch seine geistige Beweglichkeit schien arg angeschlagen zu sein. Ich hatte mir jedenfalls einige Fragen vorbereitet, um ihn aus der Reserve zu locken. Ich wollte mit ihm über seine Philosophie des Gesundheitswesens sprechen. Da ich wußte, wie hoch das Ansehen war, das er auf der Universität genoß, weil er offensichtlich Probleme rasch begriff und auf ihren politisch entscheidenden Punkt reduzieren konnte, war ich neugierig darauf, wie seine bäuerliche Intelligenz funktionierte, wenn man ihn über ein eher abstraktes Problem befragte. Leider konnte ich mir diese hochtrabenden Pläne schleunigst abschminken. Er bestimmte, was er sagen wollte, nicht ich. Um meine Fragen kümmerte er sich kaum. Er ratterte sein Statement über die Bedeutung, den Bau und die Kosten der neuen Klinik herunter, als habe er dasselbe schon hunder-

141

temale gesagt. Was ich sagte, gab ihm lediglich Anlaß dazu, sein roboterhaftes Gerede zu unterbrechen und wieder neu anzustarten. Nach einigen Versuchen, ihn zu intellektuell etwas komplexeren und spontaneren Denkversuchen zu bewegen, gab ich mich geschlagen. Nach einer halben Stunde etwa schaute er auf seine große, goldene Armbanduhr. Ich verstand und packte zusammen. Als ich ging, muß er mir meine Enttäuschung irgendwie angemerkt haben. Er sagte nämlich: "Ach wissen S', Sie müssen entschuldigen, ich bin heut nicht gut beinander, schmücken S' das alles ein bißchen aus, das können Sie ja, dann wird es schon gehn."

Bei Interviews kann man immer wieder ein eigenartiges Phänomen beobachten. Manchmal verläßt man jemanden mit dem Eindruck, hervorragende Statements eingeholt zu haben. Man freut sich geradezu darauf, das Band abzuschreiben. Nicht selten stellt sich dann heraus, daß der Eindruck vollkommen falsch war. Der Betreffende hat entweder nur Phrasen gedroschen, oder seine Rede ist ohne seine Gestik tot, oder die Sätze, die er fabrizierte, sind plötzlich derart chaotisch und sprunghaft, daß im Endeffekt keine griffige Aussage zustande kommt. Das Phänomen, daß man sich in der Einschätzung seines Interviewpartners täuscht, kann andererseits jedoch auch eine positive Überraschung ergeben. So jedenfalls war es bei Wallnöfer.

Sein trockenes Gebrabbel erwies sich bei der Niederschrift als die hieb- und stichfeste Rede eines Pragmatikers. Der

Auf der Jagd im Pitztal

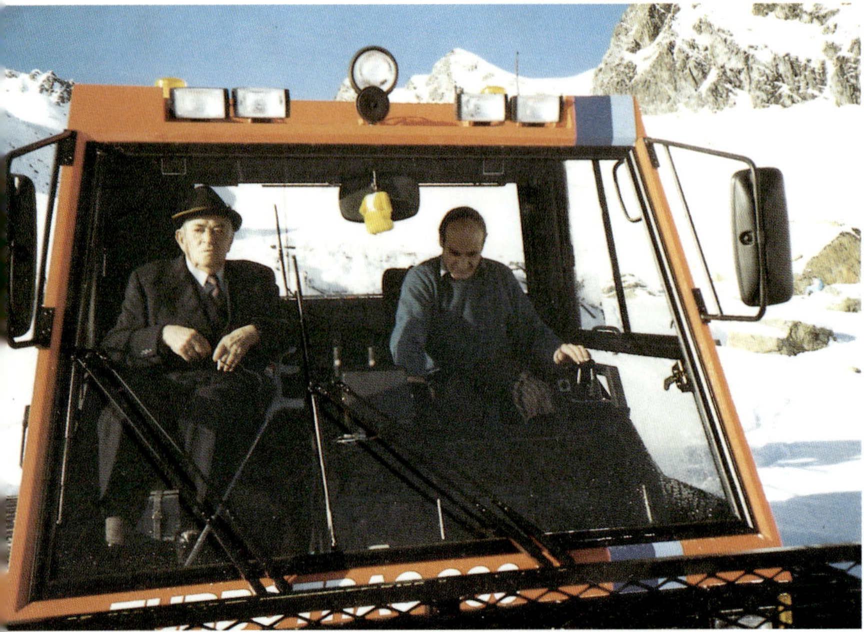

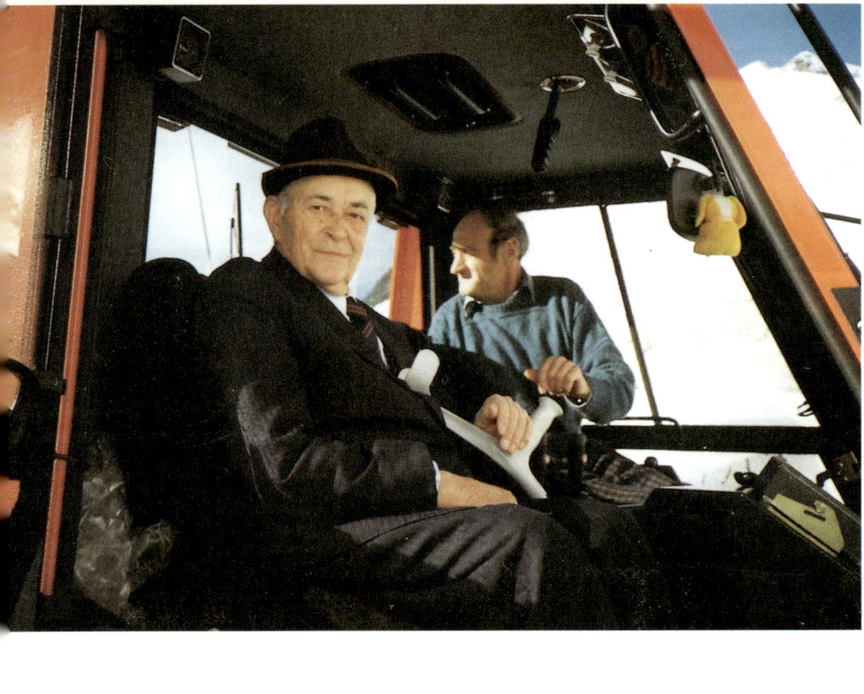

schlechte gesundheitliche Zustand, in dem er sich offenbar befand, hatte ihn zwar daran gehindert, seine Überzeugung mit der nötigen rhetorischen Perfektion wiederzugeben. Bei der Abschrift stellte sich jedoch heraus, daß es hier kaum etwas zum Ausschmücken gab, wie er gemeint hatte, sondern daß es ihm gelungen war, knapp und vernünftig die wichtigsten Punkte seiner Politik darzustellen.

Die wichtigste Passage des Interviews lautete: "Ich sehe die Kernfragen der Politik darin, daß wir erstens Arbeitsplätze schaffen, zweitens, daß es Wohnungen gibt, drittens, daß es Schulen gibt, viertens, daß es Einrichtungen für das Gesundheitswesen gibt, dann glaube ich, wird man auch sagen müssen, trotz der Kritik, daß das Verkehrswesen ein großes Anliegen ist, und daß darüber hinaus auch die Energiewirtschaft eine große Bedeutung hat. Ich rechne also das Gesundheitswesen mit zu den Spitzenverpflichtungen der Politiker in Tirol."

Zwei Wochen nach dem Interview wurde Wallnöfer schwer krank, durch die Klinik geisterten Gerüchte, daß es mit seinen Überlebenschancen äußerst schlecht bestellt sei, die Eröffnung der neuen Gebäude konnte er jedenfalls nicht miterleben, auch in die Politik kehrte er nicht mehr zurück, obgleich er zuletzt das fragwürdige Glück hatte, auf seinem Hof einige Zeit noch den gebrechlichen Altpolitiker spielen zu können. Meines Wissens war der Termin mit mir sein letztes ausführliches Pressegespräch in seiner Funktion als Landeshauptmann. Nicht nur aus diesem Grund sind die oben zitierten Sätze für mich eine Art Vermächtnis.

Wenn ich nämlich bedenke, daß sich bei einem kranken Menschen die Persönlichkeit meist auf ihren eigentlichen Kern reduziert, so blieb Wallnöfer bis zuletzt ein realistischer, für das Gemeinwohl engagierter Politiker, dessen sehr pragmatisches, soziales Denken, wenn es nicht bäuerlicher Herkunft gewesen wäre, genauso zu einer von ideologischen Träumen gereinigten Sozialdemokratie gepaßt hätte.

145

Und noch etwas erscheint mir wichtig: Seine Weigerung, sich zu intellektuellen oder philosophischen Gedankenschleifen verführen zu lassen, ergibt das Bild eines Politikers, das auch heute noch aktuell ist. Als langjähriger kolumnistischer Beobachter wurde ich von all jenen, die von großen Ideen und faszinierenden Gedanken geplagt werden, immer wieder enttäuscht. Ich bin inzwischen zur Überzeugung gelangt, daß Intellektuelle in der Politik eher nichts verloren haben. Von wenigen Ausnahmen abgesehen, bringen sie in der Realität meist nichts weiter, hinterlassen chaotische Zustände und verwechseln die schöne Rede prinzipiell mit dem, was eigentlich getan werden sollte.

In einer Demokratie, welche sich dadurch auszeichnet, daß der einzelne Bürger frei genug ist, sich sein Leben selbst zu gestalten, reduziert sich die Aufgabe der Politik tatsächlich darauf, dafür zu sorgen, um ein drastisch kleinkariertes Beispiel zu wählen, daß die Straßenbahnen pünktlich fahren. Dieses sehr demütige und dienende Bild, das Wallnöfer auch noch in den letzten Wochen seiner Amtszeit präsentierte, begriff ich erst viel später, so daß ich nach anfänglicher Enttäuschung heute sagen kann, das Privileg genossen zu haben, einem großen Mann begegnet zu sein.

Anekdoten

"Solang ich ein aufrechter Politiker bin ..."

Als Agrarlandesrat hatte Eduard Wallnöfer in den frühen 50er Jahren auch viel mit den Weiderechten zu tun. In Silz wurde er einmal von den Bauern gebeten, notfalls Land für das Weiderecht zu enteignen. Als Antwort kam aus Wallnöfers Mund ein prägender Satz: "Solang ich ein aufrechter Politiker bin, werd ich kein einziges Gras enteignen." Wallnöfer schreckte also nicht vor der Masse zurück, sondern wollte auch dem einzelnen sein Recht geben.

Aber nie zum Schaden von Tirol

Reporter: Sie machen ja vieles einfach aus sich heraus, von alleine!

Wallnöfer: Des mååch ich eigentlich nicht, weil ich ja ein Parlament, den Låndtåg, habe.

Reporter: Jaja, aber Sie machen ja doch viel ohne den Landtag!

Wallnöfer: Jå, des kommt schon manchmal vor, åber nie zum Schaden von Tirol!

147

Die vertauschte Rede

Als Landeshauptmann mußte Eduard Wallnöfer oft vier oder fünf Reden pro Tag halten. In Seefeld passierte es einmal, so wird erzählt, daß er eine Rede vertauscht habe. Wallnöfer holte einen Zettel aus der Tasche und hielt eine großartige Rede. Leider sagte er absolut kein Wort vom neuen Seefelder Schwimmbad, obwohl doch dieses gerade eröffnet worden war. Wallnöfer sprach hingegen die ganze Zeit von der Eröffnung eines Teilstückes der Autobahn. Er hatte den falschen Zettel aus der Jackentasche gezogen. Als er es endlich bemerkte, sprach er aus dem Stegreif über die Verbindung zwischen Autobahn und Schwimmbad.

Rede vertauscht?

Das nie zustandegekommene Du-Wort

Wallnöfer hatte ein sehr inniges Verhältnis zu dem in Tirol lebenden Karl Graf Stolberg, einem Urenkel des letzten österreichischen Kaisers. Doch Stolberg und Wallnöfer sprachen sich immer mit "Sie" an. Stolberg konnte Walli das Du-Wort nicht antragen, weil Wallnöfer der Ältere war. Und Wallnöfer antwortete auf die Frage, warum er denn nicht endlich mit dem Stolberg per Du sein könne:

"Des kånn ich nicht. Sein Urgroßvåter wår der Kaiser, und mir steht es nicht zu, einem Kaiser-Enkel das Du ånzutrågen!"

Und so blieben der Landeshauptmann und der Kaiser-Enkel ewig per Sie. Beide hatten ihren Stolz!

148

Das Leiden mit den Zähnen

Wallnöfer hatte jahrelang ein Leiden mit seinen Zähnen. Er konsultierte mindestens zehn Zahnärzte, doch keinem gelang es, ihm eine schmerzfreie Prothese zu schaffen. Dieses Leiden mit den dritten Zähnen war wohl auch der Grund dafür, daß er seine Zahn-Prothese oft ohne Vorwarnung für die Allgemeinheit mit einer einfachen Bewegung aus dem Mund nahm und damit so manche, die ihn nicht kannten, schockierte. Ein Beispiel: Staatsempfang in Brüssel. Wallnöfer sitzt mit zahlreichen hochrangigen Politikern, Beamten und Journalisten am Mittagstisch. Noch während der Begrüßungsansprachen nimmt Walli seine Zahn-Prothese aus dem Mund, legt sie kurz vor sich auf den Tisch und schiebt sie dann in eine Seitentasche seiner Anzugs-Jacke. Vor allem die ausländischen Gastgeber staunen über das seltsame, aber unkomplizierte Benehmen Wallnöfers.

Wallis Pfeife und die Kuh

Eduard Wallnöfer war - nicht nur aufgrund seiner Wahl-Plakate - bekannt als Pfeifenraucher. Einmal war er bei seinen Kühen auf dem Feld. Aus irgendeinem Grund legt Wallnöfer seine nagelneue teure Pfeife in die Wiese. Das Unvermeidliche passiert: Eine Kuh tritt auf das gute Stück, die Pfeife bricht in der Mitte entzwei. Am nächsten Tag erklärt Wallnöfer das Malheur nur mit den Worten:
"I kånn nit helfen, wenn de Kuah draugstiegen isch. De isch hålt neigierig gwesn."

Wo ist denn seine Frau?

In der Öffentlichkeit trat Wallnöfer nur äußerst selten zusammen mit seiner Frau auf. Er verehrte seine Luise sehr, wollte sie aber bewußt nicht in seine politische Tätigkeit mit hineinziehen und womöglich noch politisches Kapital aus ihr schlagen. Die einzigen Veranstaltungen, die die beiden gemeinsam besuchten, waren die Firmungen und jene Vereinstreffen, bei denen Luise Wallnöfer als Fahnenpatin wirkte.

Walli und die Tankstelle

In bezug auf sein Einkommen sagte Wallnöfer einmal zu seinem Freund, dem Grafen Stolberg: "Herr Gråf, schaun Sie, ich kånn mir in Wirklichkeit nichts leisten. Wenn i mir a Tankstelle bau, dånn hoaßts glei, i håb sie gestohlen!"

Der moderne Bau am Rennweg

1972 wurde am Innsbrucker Rennweg das neue ORF-Landesstudio eröffnet. Es gab damals natürlich viele unterschiedliche Meinungen zu der seltsamen Architektur des Studios. Bürgermeister Alois Lugger beispielweise sei entsetzt gewesen über diesen modernen Bau am Rennweg. Bei der Eröffnung des Hauses äußerte Lugger seinen Unmut unmittelbar neben Wallnöfer, worauf dieser antwortete:
"Åber geah! Es muaß jå nicht jedes Haus a Bauerndåch håbn!"

Ein Schützentreffen in Kitzbühel

Daß Wallnöfer unkompliziert war, was seine Kleidung betraf, ist nicht neu. Bei einem großen internationalen Schützentreffen in Kitzbühel überraschte Wallnöfer aber einmal mit einer ganz neuen Mode. Hinter dem Rednerpult verschanzt trug er die Hose eines dunkelblauen gestreiften Nadelstreif-Anzuges und darüber natürlich seinen braunen Schützenrock, schließlich war er als Landeshauptmann ja der oberste Schütze des Landes. Der Tiroler ORF-Intendant Hans Hauser traute seinen Augen nicht, als er seitlich neben das Rednerpult trat, um Wallnöfer noch etwas zu sagen. Hauser fiel aus allen Wolken: "Jå, wie schaugschn du aus, du håsch jå die fålsche Hosn ån?" Wallnöfer blickte an sich hinunter und sagte: "Nana, i håb nicht die fålsche Hosn ån, i muaß jå glei weiter zu oaner ånderen Verånståltung und håb mir nur mei Sakko auszogn und die Schitzenjackn driber." "Jå, åber de Hosn paßt jå überhaupt nit dazua!" Darauf Wallnöfer: "De Hosn siecht ma jå nicht hinterm Rednerpult."

Das 12-Punkte-Programm von Willi Steidl

Eduard Wallnöfer konnte einen ungeheuren Charme entwickeln. Dem ehemaligen Innsbrucker TAB-Stadtrat Willi Steidl ist es einmal passiert, daß er sich über irgendwelche Dinge furchtbar ärgerte, worauf er sich eine 12 Punkte umfassende Liste zurechtlegte und sie dem Landeshauptmann vortragen wollte. Wozu es aber nicht kam: Wallnöfer lullte Steidl mit seinem Charme sprichwörtlich ein, ein Glas Rotwein tat das übrige. Steidl anschließend ärgerlich im Stiegl-Bräu: "Ietz isch mir von den 12 Punkten koaner mehr eingfälln. I bin außer, und auf der Stiagen håb i mi geärgert, wie er mi umiglupft håt mit seinem bäuerlichen Charme."

Der Bauern-Landesrat

Als Landesrat Eduard Wallnöfer am 13. Juli 1963 zum Landeshauptmann gewählt wurde, hatten viele Bauern im Land ein lachendes und ein weinendes Auge. Wallnöfer, so dachten sie, hätte nun keine Zeit mehr für die Anliegen der bäuerlichen Bevölkerung. Der bisherige Agrar-Landesrat nahm diesen Bedenken aber sofort den Wind aus den Segeln:
"I bleib fir die Bauern Låndesråt, i bleib's! Weil des woaß i, des braucht inser Landl!"

Walli und der "Cash-Flow"

Sein Wirtschaftsverständnis war recht ausgeprägt. Allerdings hatte er eine angeborene Abneigung gegen Fremdwörter.

Diese waren ihm immer suspekt, genauso wie jene Unternehmer und Manager-Typen, die diese Wörter gebrauchten. Sein Spruch war:

"Wenn oaner dåherkimmt und vom Cash-Flow redt, dånn woaß i, ietz isch er beim Auhausn!"

Demokratie und Diktatur

Wallnöfer war berühmt für seine Liebe zum Rotwein, für sein Ohr am Volk, für seine Gasthausbesuche. Einmal, an irgendeinem Stammtisch, politisierte Wallnöfer mit seinen Freunden über Diktaturen und Demokratien. Er sagte: "Der Unterschied zwischen einer Demokratie und einer Diktatur isch der folgende: In einer Diktatur kånnsch du nit trinken bis du betrunken bisch und nur no Zeug redesch. Då wearsch eingsperrt. In einer Demokratie kånnsch du trinken und ålles sågen und du wearsch nit eingsperrt!"

"Du håsch Geld gnuag!"
oder Walli, der Zechpreller

Daß im Stift Stams ein Altar steht, gestiftet von der Tiroler Tageszeitung, auch das ist das Verdienst Wallnöfers. Halb ernst und halb scherzhaft sagte er einst zu Kommerzialrat Moser, er könne ruhig auch zur Stiftsrestaurierung etwas beitragen:

"Du håsch Geld gnuag!"

Die selben Worte verwendete Wallnöfer auch gegenüber dem Unterperfusser Bauern und Gastronomen, Max Hörtnagl, und zwar immer dann, wenn es in Hörtnagls "Pranger-Alm" zum Zahlen kam. Wallnöfer verließ des öfteren das Lokal, ohne zu zahlen, weil:

"Di brauch i nit zåhln, du håsch Geld gnuag!"

Lediglich der Kellnerin drückte Walli ein großzügiges Trinkgeld in die Hand, sein Freund Hörtnagl ging leer aus.

152

Wallnöfer abstinent?

Apropos Hörtnagl. Als Wallnöfer wieder einmal zu seinem Freund in die "Pranger Alm" kommt, überrascht er dadurch, daß er sich nur ein Mineralwasser bestellt. Hörtnagl fragt ihn, ob er nicht doch lieber ein Glas Wein will. Wallnöfer antwortet darauf, sein Arzt - Dr. Eckl aus Reutte - habe es ihm verboten. Darauf Max Hörtnagl:

"Du, i hån gheart, seit du nix mehr trinksch, håsch nimmer so guate Einfäll!"

"Jå, då håsch scho recht, då bisch gånz an ånderer Mensch! Friher håb i wirklich gånz ånderer Einfäll ghåbt! ... Woasch wås, geah, trink ma decht a Glasl!"

Der Tiroler Adler

1971 erfüllt sich Wallnöfer einen Jagd-Traum in Berwang. Er schießt einen Adler, das stolze Tiroler Wappentier, in Tirol natürlich unter Naturschutz stehend.

"A Ådler muaß her!" soll er des öfteren gesagt haben. Später aber dürfte er diesen Abschuß, über den natürlich strengstes Stillschweigen bewahrt wurde, bereut haben. Bei einer Bauernbund-Versammlung soll er gesagt haben:

"I håb oamål oan gschossn, åber i tat nie wieder oan schiaßen!"

Es tat ihm also leid, daß ausgerechnet er das Tiroler Wappentier geschossen hatte. Zu Wallis Ehrenrettung muß natürlich auch gesagt werden, daß die Berwanger damals froh waren, den Adler los zu sein. Dieser hatte nämlich schon mehrere Schafe gerissen.

Serien von Zehnern

Wallnöfer war zweifellos einer der besten Schützen Tirols. Es kam oft vor, daß er bei einem Landesschießen oder bei anderen Schießbewerben teilnahm. Meist machte er einen eher ange-

schlagenen, zittrigen und aufgeregten Eindruck. Sobald er
aber das Gewehr in Anschlag brachte, wurde Wallnöfer zuse-
hends ruhiger und schoß unglaubliche Serien von Zehnern.

Die Gewehre der Schützen

Daß die Tiroler Schützen Anfang der 50er Jahre wieder ihre
Gewehre tragen durften, auch das war bereits Wallnöfers
Verdienst. Das hat der junge Landesrat mit dem Komman-
dierenden der französischen Besatzungsmacht, mit General
Bethouard, damals ausgehandelt.

Der Traktor-Patriot

Der Patriot Wallnöfer war natürlich nicht nur Tiroler, sondern
auch Österreicher. Das merkte man auch auf seinem Bauèrn-
hof. Sein Sohn Benedikt, der die Landwirtschaft weiterführt,
hätte nie einen anderen Traktor kaufen dürfen als einen "Stey-
rer". Immer wieder kamen Vertreter aller möglichen Trak-
torfirmen auf das Wallnöfersche Anwesen nach Barwies und
versuchten, ihre Traktoren zu Dumping-Preisen der Familie
des Landeshauptmannes anzudrehen. Doch ohne Erfolg: Für
Wallnöfer ging nichts über ein österreichisches Produkt.

Der schwitzende Stall zu Barwies

Eduard Wallnöfer verstand sich bis an sein Lebensende -
obwohl Vollblutpolitiker - in erster Linie immer als Bauer.
In Barwies, der Heimat seiner Frau Luise, erwirbt er mit der
Zeit immer mehr Grund, und irgendwann muß er dann auch
den Stall erweitern bzw. dazu bauen. Als der neue Stall fertig ist und bereits in Verwendung steht, wird Wallnöfer auf
ein Problem aufmerksam. Er bittet seinen Freund, den Unterperfusser Bauern und Wirt, Max Hörtnagl, um Rat:
"Du Max, mei Ståll tuat schwitzen! I hån gheart, du håsch
a neie Beliftungsånlåg!"

"Jå, soll i dir die Adreß geben?"

"Na, ruaf man ån. Er soll uns bsuachen!"

Gesagt, getan! Auch in Wallnöfers Stall wird eine neue schöne Belüftungsanlage installiert. Doch es dauert nicht lange, da läutet bei Max Hörtnagl das Telefon:

"Du Max, dei Beliftung geaht nit!"

Max Hörtnagl kennt sich nicht mehr aus, er steigt in den Wagen und fährt nach Barwies. Tatsächlich, der Stall schwitzt noch immer. Hörtnagl grübelt über den Grund der nicht funktionierenden Anlage. Einer von Wallnöfers Angestellten löst schließlich das Rätsel auf:

"De Ånlåg kånn ja nit giahn, wenn der Wallnöfer hoamkimmt die Nåcht, geaht er jå immer no in Ståll einer schaugen, ... und dånn schrauft er wegn dem Schtromspårn in Ventilator åb!"

Die Blumen am Balkon

Egal, wohin im Land sich Eduard Wallnöfer begab. Allerorts erwähnte er in seinen Ansprachen die Blumen auf den Balkonen. Gepflegte Häuser, gepflegte Landschaft und vor allem die Blumen waren dem Landesvater Stolz und Status-Symbol für Fleiß und Wohlstand. An den Blumen auf den Balkonen erkannte Wallnöfer, wie es in einer Gemeinde aussah.

"Des isch a Kalbl!"

Wallnöfer hat nie über jemanden geschimpft. Manche Leute empfand er als notwendiges Übel - auch in seiner eigenen Partei oder im Landtagspräsidium. Doch geschimpft über irgend jemand hat er zeitlebens nie. Er konnte sich zweifellos über manches ärgern, wurde deshalb aber nie aggressiv oder ausfallend. Die schlimmsten Worte, die er verwendete, waren:

"Darüber håb i mich geärgert!"

oder, wenn es um etwas Persönliches ging:

"Des isch a Kalbl!"

155

Die gute Sache

Wallnöfer hatte eine gesunde soziale Einstellung, er war -
übertrieben ausgedrückt - sehr "sozialistisch" oder "sozial-
demokratisch" eingestellt. Ähnlich wie für seinen Du-Freund
Bruno Kreisky war auch Wallnöfers größte Sorge, daß es in
Tirol viele Arbeitslose geben könnte. Wenn er Gelder für wohltätige Zwecke aufbringen mußte,
ging der Landesvater des öfteren betteln zu gesunden Tiro-
ler Betrieben. Und mit dem Satz "Des müßt sich doch måchen
låssen. Des isch a guate Sache!", konnte er viele Unternehmer von seinen Vorhaben überzeugen.

Auf der Jagd im Pitztal

Ab seinem 50. Lebensjahr war Eduard Wallnöfer ein lei-
denschaftlicher Jäger. Sein liebstes Jagdgebiet dürfte dabei
das Pitztal gewesen sein, und zwar nicht nur wegen der dortigen Landesjagd. Wallnöfer war auch nie auf Kosten des
Landes im Pitztal, seine Abschüsse bezahlte er fast immer
redlich und ehrlich aus seiner eigenen Tasche. Die Pitztaler sagen heute noch, daß ihr Tal Wallnöfers zweite Heimat
gewesen sei: "So wohl gfühlt håt er sig niane wia bei ins
dinne!"

Eine kleine gelenkte Demokratie

Das Tirol Eduard Wallnöfers war natürlich eine kleine
"gelenkte" Demokratie. Besonders zum Ausdruck kam das
immer wieder bei der Kandidaten-Erstellung für die ver-
schiedensten ÖVP-Listen. Er verblüffte seine Parteifreunde
immer wieder mit neuen Namen, die er plötzlich irgendwoher aus dem Hut zauberte. Viele seiner Parteifreunde waren
oft ein wenig schockiert, doch Wallnöfer brachte seine Kandidaten immer durch. Ein Beispiel: Hugo Westreicher. Keiner im Partei-Vorstand kannte ihn, doch Wallnöfer hatte in

der entscheidenden Vorstandssitzung Westreichers Photo dabei. Und dies genügte, um den Parteivorstand zu überzeugen. Die Folge: Westreicher kam in den Nationalrat. Weitere Wallnöfersche Polit-Schöpfungen waren beispielsweise: Ludwig Steiner, Felix Ermacora, Andreas Khol oder auch Alois Partl.

Der rumänische Abgeordnete

Eduard Wallnöfer, der Bauer und Landeshauptmann von Tirol, war - so sagt man heute - nicht unbedingt der Allerschönste, zweifellos aber einer der Charmantesten. Ein Spruch Willi Steidls zeichnet das Äußere Wallnöfers wohl am besten:

"Wallnöfer sieht aus wie ein rumänischer Abgeordneter, der einen einzigen Anzug sein Eigen nennt!"

Auf Inspektion

Zum ersten Mal in das Pitztal kam Eduard Wallnöfer Mitte der 30er Jahre als Imster Bezirkssekretär der Landwirtschaftskammer. Er inspizierte die Stallungen und ordnete - wenn notwendig - an, daß baufällige Ställe abzureißen und neu zu errichten seien. Sein langjähriger Freund Alois Dobler - der damals ein kleiner Bub von etwa zehn Jahren war - erinnert sich an einen solchen Besuch Wallnöfers in Plangeroß. Wallnöfer war mit dem Motorrad gekommen, und während er seine Inspektion durchführte, hatten der junge Dobler und sein Cousin Jupp nichts besseres zu tun, als mit Wallnöfers Motorrad herumzufahren. Als der Bezirkssekretär schließlich wieder nach Imst wollte, hatte seine "Maschine" nur mehr eine leere Batterie. Verärgern konnte man den freundlichen Wallnöfer durch solche Dinge aber nicht: "Des wearn schon wieder de Lauser gwesn sein!"

Der letzte Abschuß

Drei Monate bevor Wallnöfer starb, konnte er im Pitztal noch seinen letzten Abschuß verzeichnen. Es war am Tag vor seinem 75. Geburtstag, als er im hinteren Pitztal aus gut 200 Metern Entfernung einen Gamsbock schoß.

Dieser Tag war aber nicht sein letzter Besuch im Pitztal: Zu seinem Freund Alois Dobler kam er noch 14 Tage vor seinem Tod. Beim Mittagessen in Barwies forderte Wallnöfer seine Tochter Luise, genannt "Weibi", auf, ihn mit dem Auto ins Pitztal zum "Lois" zu fahren. Alois Dobler und der Alt-Landeshauptmann tranken noch ein Glas Wein zusammen, ehe Wallnöfer prophetisch sagte:

"Jå Lois, ietz weard's woll is letschte Mål sein!"

Es war das letzte Mal, daß Wallnöfer in sein Pitztal kam.

Der älteste Gamsbock

Im Pitztal schoß Wallnöfer auch den ältesten Pitztaler Gamsbock. Dieser war 22 Jahre alt. Der St. Leonharder Alois Dobler hatte den alten Bock eines Sommertages mitten auf einer Wiese in seiner Kuhweide gesehen. Von da an hatte es ein jeder auf diesen Bock abgesehen, aber keiner konnte ihn erlegen, weil der Bock wie vom Erdboden verschwunden war. So manche dachten sich schon, daß Dobler den Gamsbock gewildert hätte.

Erst im November wurde der Gamsbock wieder gesichtet, und zwar wieder von Alois Dobler. Diesmal schaltete der Wallnöfer-Freund rasch. Diesen Bock sollte nur einer schießen dürfen: der Landeshauptmann persönlich.

Dobler griff sofort zum Telefon und erreichte den Landesparteisekretär Robert Fiala schließlich in Silz bei der Einweihung des dortigen Kartoffelkellers:

"Du, Robert, der guate Bock war det, der ålte!"

"Jå, mir kennen ietz nit gråd glei weg, wås moansch denn? Åber morgen, morgen sein mir drinnen!"

158

"Jå guat, åber ums Morgengrauen seid's bei mir då im Haus!"

Dobler und sein Freund, der Jäger Franz Rimml, beobachteten den Bock bis spät in die Nacht. Am nächsten Tag kamen - wie besprochen - Wallnöfer und Fiala ins Pitztal. Doch vom Gamsbock war keine Spur mehr. Die Jagdleute vertrieben sich den Vormittag mit Kaffeetrinken und "Marenden", beobachteten aber ständig den Waldrand. Und plötzlich - kurz vor Mittag - kam der Bock aus einem ganz anderen Waldstück heraus. Dobler, Fiala, Rimml und Wallnöfer stürzten hinauf in Richtung Gamsbock. Das Spiel dauerte nicht lange: Aus 150 Metern Entfernung legte der Landeshauptmann an und schoß. Der nachweislich älteste Gamsbock des Pitztales war erlegt worden.

Sein Lieblingsgewehr

Auf der Jagd trug Wallnöfer meist zwei Gewehre mit sich, eines vom Kaliber 308 und eines vom Kaliber 243. Zweiteres war sein Lieblingsgewehr. Mit dem habe er geschossen, so hört man heute, wie ein "Glöggle". Wallnöfer war nicht nur ein treffsicherer Schütze, sondern auch ein schneller: "Wo's an åmderer går nit åmderlegt, håt's bei ihm scho gschnellt!" Es wird gesagt, es habe keinen anderen Schützen gegeben, der so rasch und dennoch sicher schießen konnte wie der Landeshauptmann.

Die Pitztaler Gletscherbahn

Für das Pitztal setzte sich Wallnöfer zeit seines Lebens besonders ein. Als die Pitztaler ihre Gletscherbahn errichten wollten, stellte Wallnöfer vor dem versammelten Landtag die Frage: "Sollen wir die Pitztaler Gletscherbahn jetzt erbauen oder soll man sie nicht bauen?" Und nach einer kurzen Pause: "Oder sollen wir das Pitztal weiterhin als Årmenhaus låssen?" Von den Abgeordneten kam keine Antwort, weshalb

159

Wallnöfer nur sagte: "Danke, meine Herren! Alles einstimmig, die Pitztaler Gletscherbahn wird gebaut!"
Später auf diese Episode angesprochen, sagte Wallnöfer: "Des isch die Bauernschlauheit!"

"Fåhr långsåm …!"

Am meisten war der Walli wohl mit seinem Landesparteisekretär Robert Fiala unterwegs. Beruflich hatte Wallnöfer zwar meist einen Chauffeur bei sich, privat aber kam es auch vor, daß er mit "Rob" Fiala als Chauffeur unterwegs war. Überliefert ist jener legendäre Spruch Wallis zu "seinem Chauffeur" Fiala:
"Fåhr långsåm, mir håbens gneatig!"

Der Gourmet Walli

Wallnöfers Lieblingsspeisen waren durchaus bescheiden und nicht anspruchsvoll: Kasspatzln, Knödel, Wassermus oder Brennsuppe. Wenn Gäste zu ihm nach Barwies kamen, gab es meist Wallnöfers einfaches Angebot: "Mågsch a Hauswurscht?" Wallnöfers Hauswürste mundeten selbst höchsten und prominentesten Gästen, etwas anderes hätten sie auch nicht bekommen.

Urlaub in Italien

Um sich auf einen Parteitag vorzubereiten, wollte sich Eduard Wallnöfer einmal eine Woche lang in Italien erholen. Zusammen mit seiner Frau Luise zog er in den Süden. Weit aber sind die Wallnöfers nicht gekommen. Als Walli bei Brixen Bauern bei der Arbeit auf den Feldern sah, ließ ihm dies keine Ruhe mehr. Das Heu müsse aufgestangert werden und dürfe auf keinen Fall liegengelassen werden, so sagte er zu seiner Frau. Und weiters:
"Muatter, mir miaßen umkehrn, dahuam kånn i mi am beschten erholen!" Und so waren die beiden schon nach einem Tag wieder zuhause in Barwies.

Aller Anfang ist schwer

Einer der zweifellos engsten Mitarbeiter Wallnöfers war mehr als 24 Jahre lang ÖVP-Landesparteisekretär Robert Fiala. Bis aus den beiden jedoch ein unzertrennliches Paar wurde, gab es doch auch einige Anfangsschwierigkeiten: Ein ganzes Jahr lang waren die beiden per Sie. Obwohl Wallnöfer in diesem ersten Jahr dem jungen Parteisekretär des öfteren das Du-Wort antrug, konnte Fiala sich nicht dazu durchringen, dieses "Du" gegenüber dem Landeshauptmann auch zu verwenden. Erst als Wallnöfer einmal ordentlich auf den Tisch haute und sagte: "Wia oft soll i's ietz no sågen, daß mir per Du sein!", stand der - später so legendären - Wallnöfer-Fiala-Achse nichts mehr im Wege.

Tierarzt oder Architekt?

Daß Eduard Wallnöfer gerne Tierarzt geworden wäre, das ist fast allgemein bekannt. Daß er aber auch eine Vorliebe für die Architektur hatte, das wissen wenige. Walli konnte sich über nichts mehr ärgern, als über eine nicht formschöne Brücke. Häßliche Brücken bezeichnete Wallnöfer schon damals - lange vor der Eisenbahn-Brücke über das Inntal - als "Sautrog". Tierarzt oder Architekt - beides wäre Wallnöfer gern gewesen.

Um 16 Uhr beim Bischof

Eduard Wallnöfer war ein vielbeschäftigter Mann, weshalb es auch oft vorkam, daß er irgendwelche Termine nicht rechtzeitig einhalten konnte. Nur einen ließ er nie warten, den Bischof. Die Hohe Geistlichkeit hatte das Privileg, von Wallnöfer immer pünktlich aufgesucht zu werden. Einmal, es war im Jahr 1967, war Wallnöfer mit dem Bundeskanzler Klaus im Zillertal unterwegs. Um 4 Uhr nachmittags aber hatte Wallnöfer einen Termin bei Bischof Rusch. Um pünktlich nach Innsbruck zu kommen, mußte der Chauffeur schon sein ganzes Handwerk unter Beweis stellen. Bei der eiligen Fahrt aus dem Zillertal wurde sogar eine Henne überfahren, die Wallnöfer dem geschädigten Bauern natürlich sofort aus seiner eigenen Geldbörse ersetzte. Nur eine Minute vor 16 Uhr parkte das Fahrzeug des Landeshauptmanns am Innsbrucker Domplatz.

"... Die Dinge heranschlampen!"

Eduard Wallnöfer hatte die Gabe, Probleme zu "keinen Problemen" zu machen. Schien etwas wirklich unlösbar, so befleißigte er sich des Ausspruchs: "Bitte, låß ma die Dinge heranschlampen, månches löst sich dånn von selbst!" Wallnöfers Philosophie wurde von der Realität des öfteren bestätigt.

Der Markt-schreier

Wallnöfer war fortschrittlicher, als man heute glaubt, in manchen Dingen war er sogar revolutionär. Im Landtags-Wahlkampf 1965 beispielsweise war Wallnöfer der erste Politiker Österreichs, der seine Wahlkundgebungen nicht mehr in geschlossenen Sälen abhielt, sondern auf offenen Plätzen. Sein Landesparteisekretär Robert Fiala hatte die Idee dazu, Wallnöfer

162

nahm sie auf und war davon begeistert. Innerparteilich hingegen wurde Wallnöfer stark kritisiert und als "marktschreierisch" bezeichnet. Wallnöfer wies die kritischen Stimmen zurück. Sein Argument:
"Jå, soll i mi schämen dafir, daß i mit die Leite red?"

Der Meister Hämmerle

Wallnöfer war auch bekannt dafür, daß er während seiner Wahlkampf-Tourneen in jeder Gemeinde eine andere Rede halten konnte. Und seine besten Reden waren ohnehin jene aus dem Stegreif.

Fast überall erzählte er aber die Geschichte vom "Meister Hämmerle":

"Tuats wås fir des schiane Lånd, måchts es wia der Meister Hämmerle. Der håt an Håmmer und an Någel ghåbt und håt ålls, wås hin wår, damit grichtet!"

"... A Kommunist ..."

Wallnöfer war bekannt dafür, daß er um jede Stimme kämpfte, obwohl er dies aufgrund seiner Mehrheiten nicht notwendig gehabt hätte. Robert Fiala sagte einmal zu ihm: "Wenn du a Kommunist warsch, taten's di a wählen!"

Die berühmten Walli-Plakate

Auf die Erstellung der Wahlkampf-Plakate nahm Walli übrigens keinen Einfluß. Er konnte sich auf seinen Landesparteisekretär Robert Fiala voll und ganz verlassen. Fiala war es auch, der vor der Landtagswahl 1984 die glorreiche Idee hatte, Plakate mit dem Konterfei des pfeiferauchenden Wallnöfers mit den Slogans "Tirol wählt den Landeshauptmann" und "Mit Wallnöfer für Tirol" zu schaffen. Wallnöfer meinte zu diesen Plakaten nur:
"I will då nit so an Personenkult, åber des Bild gfållt mir!"

Ein heiles Land

Eduard Wallnöfer kam zeit seines Lebens ohne Leibwächter, sogenannte Bodyguards aus. Es war im Terror-Jahr 1984, als Wallnöfer zum Sicherheitsaspekt meinte: "Tirol isch immer no a heiles Lånd, bei ins gibt's koan Terror. Wenn der Låndeshauptmann heit von Kufstein bis zum Arlberg z'Fuaß geaht, dånn draht sich koa Hund nåch ihm um!"

Der Spitzname "Walli"

Irgendwann in den späten 60er Jahren brachte irgendjemand den Spitznamen "Walli" für den Landeshauptmann auf. Wer nun glaubt, daß sich Wallnöfer durch diese Verniedlichung seines Namens verunglimpft oder lächerlich vorkam, der irrt. Wallnöfer war stolz darauf, daß das Volk nun einen einfachen Namen für ihn hatte, der auch ihm selbst gefiel. Seinen Titel "Ökonomierat" hingegen konnte er absolut nicht leiden.

Walli und die moderne Kunst

Was die moderne Kunst anlangt, so tat sich Wallnöfer - wie viele seiner Altersgenossen - etwas schwer. Bei der Eröffnung der neuen Innsbrucker Klinik sagte Walli zum Klinikvorstand: "Åber Herr Dokta! Sågens doch dem Installateur, er soll de Rohre wegräumen!"

Der Klinikvorstand machte ihn darauf aufmerksam: "Aber das ist doch das Kunstwerk vom Oswald Oberhuber!"

Darauf fragte Walli: "Jå, håt des wås kostet?"

"Aber Herr Landeshauptmann! Die Landesregierung hat doch zwei Millionen Schilling zur Verfügung gestellt!"

Die "Rohre" Oswald Oberhubers wurden schließlich aber doch aus dem Klinikbau weggebracht und landeten im Zeughaus.

164

Maschinen aus Chrom und Stahl

Es gab keinen besseren Viehkenner als Wallnöfer. Aber nicht nur bäuerlich, sondern auch technisch war er hochinteressiert. Er war aufgeschlossen, vor allem für Traktoren, für Turbinen und - was fast niemand weiß - für schwere Motorräder.

Wallnöfer war passionierter Motorradfahrer. Am Landhausplatz vor dem Café "Taxis" standen meist ein paar Maschinen, die Wallnöfer fast täglich begutachtete. Es war nicht möglich, an den hypermodernen Maschinen aus Chrom und Stahl vorbeizukommen, ohne daß der Landeshauptmann nach einer Runde um die Maschin' sagte: "Schönes Gerät, schönes Gerät! Des ischt schon a stolzes Gerät, åber decht koa Kardanwelle!"

Betriebs-besichtigung

Von großen Industrieanlagen verstand Wallnöfer vermutlich weniger als von Traktoren oder Motorrädern. Wenn er Industriebetriebe besichtigte, so beschränkte er sich meist auf die lapidare Feststellung:

"Hardigatti, isch des a Maschin!"

"Hardigatti, isch des a Maschin!"

Franz Josef Strauß

Ein besonderes Naheverhältnis hatte Wallnöfer zum bayrischen Ministerpräsidenten Franz Josef Strauß. So wie Wallnöfer war auch Strauß ein Regent und Patriarch. Als Strauß im Oktober 1988 nach einem Schlaganfall in der Klinik lag, wollte Wallnöfer natürlich ständig über den Gesundheitszustand von Strauß Bescheid wissen. Während einer Besuchsfahrt zum Tauernkraftwerk sagte der Alt-Landeshauptmann zu seinem Chauffeur: "Schaltens mir des Radio auf, i will des übern Strauß hören!" Im Radio wurde durchgegeben, daß es um den bayrischen Ministerpräsidenten gesundheitlich nicht gut bestellt sei. Worauf Wallnöfer in voller Anteilnahme meinte: "A bissl viel getrunken håt der Månn jå schon!"

Die Autobahn

Für Wallnöfer war es jedesmal ein Freudentag, wenn ein Teilstück der Autobahn neu eröffnet wurde. Seine Einstellung für den Autobahnbau erklärte er einmal so: "Wenn a Stråße baut weard, då kennen ålle a bissl a Gschäft måchen: Die Frächter, die Schlosser und die Gåsthäuser, oder wenn bei so einem Caterpillar wieder a Zåhn hin ischt, måcht der Schmied wieder a Gschäft. Und ich meine, wo die Autobåhn hinführt, wo die Leite Material ordentlich hin und herliefern kennen, bin i jede Sorge los. Då ischt a Entwicklung!"

Der Witz Wallnöfers

Eduard Wallnöfer konnte Witze - vor allem unflätige oder solche über Politiker, Akademiker und Geistliche - nie leiden. Lediglich einen Witz hat Wallnöfer selbst oft erzählt, und zwar besonders gern beim Mittagessen. Es war immer derselbe Witz, der einzige Witz Wallnöfers, über den er beim Erzählen jedesmal selber lachen mußte. Wallnöfers Witz ging so:
"Zwei Herren sind miteinander ins Wirtshaus gegangen, und der eine fragt den anderen: 'Ja, was essen wir heut? Essen mir an Fisch, a Forelle vielleicht?' Nachdem die beiden sich bezüglich ihrer Bestellung einig geworden waren, wurden zwei Forellen geordert. Schließlich bringt die Kellnerin ein großes Tableau mit einer sehr großen und einer

166

sehr kleinen Forelle. Sagt der eine zum anderen: 'Nimm du ruhig zuerst, nimm ruhig!' Wohl oder übel mußte sich einer entscheiden, und der erste nahm sich die große Forelle vom Tablett, legte sie auf seinen Teller und begann zu essen. Die kleine Forelle verblieb seinem Kollegen. Nachdem nun beide fertig gespeist hatten, meinte der mit der kleineren Forelle: 'Wenn i ångefången hätt, hätt i mir höflicherweise die kleine Forelle außerglegt.' Sagt der andere drauf: 'Die håscht jetzt eh!'"

Autobrand oder Walli-Qualm?

Daß Wallnöfer auf seinen Autofahrten ständig Pfeifen oder Zigaretten rauchte, ist allgemein bekannt. Einmal befand er sich mit zwei seiner engsten Mitarbeiter auf einer Dienstreise in Osttirol. Die beiden Mitfahrenden waren arg vom Qualm geplagt. Als es in Thal-Assling zu einem Zwischenstop kam, sah sich der Landeshauptmann beim Aussteigen mit einem aufgeregten Feuerwehrmann konfrontiert, der zum Auto gelaufen war und einen Autobrand vermutete. Zufällig hatte der Chauffeur vor der Thal-Asslinger Feuerwehr geparkt, und da es Wallnöfer gern warm im Auto hatte, wurde ab Innsbruck kaum gelüftet. Als nun in Thal-Assling erstmals die Autotüren wieder geöffnet wurden, zogen dicke Rauchschwaden aus dem Dienstwagen, so viel hatte Walli geraucht.

Wallnöfer und die Arbeitszeitverkürzung

Als in Österreich die 40-Stunden-Woche eingeführt wurde, konnte sich Eduard Wallnöfer nur schwer mit dieser Regelung anfreunden. 40 Stunden in fünf Tagen, das sei gleichzusetzen mit Chaos. Besonders schwer tat sich Walli mit der sogenannten "gleitenden" Arbeitszeit: "Då passiert des: då will i immer irgendoan Beamten, weil gråd jemand då ischt aus Innervillgraten, der fährt also zu mir ån, kriagt mühsåm an Termin, und dånn muaß i diesem Menschen sågen, daß der

167

zuaständige Beamte nicht då ischt. I muaß ånnehmen können, daß der Månn då ischt, wenn er nicht gråd krånk oder
auf Urlaub ischt. Und dånn hör i von jedem zwoaten, daß er
gråd gleiten tuat. Gleiten ischt chaosårtig. Liaber ischt mir
nur 38 Stund årbeiten und nicht gleiten. De 38 Stund muaß
er åber då sein."

Das Waffengesetz

Das Waffengesetz sollte einst so novelliert werden, daß die
Tiroler Schützen eine Bewilligung zum Tragen von Waffen
benötigt hätten. Wallnöfer fuhr eigens zu Innenminister Olah
nach Wien und sagte: "Herr Minischter, wenn de Klausel aus
dem Gsetz nicht außerkimmt, dånn kånn i nimmer zruck
nåch Tirol fåhrn."

Nicht in irgendeinem Huder

1988, also nach seiner Amtszeit, hielt Eduard Wallnöfer in
Brandberg im Zillertal eine Rede. In seiner typischen Art
sprach er von den Leuten, vom Volkstum, von Gemeinsam-
keiten. Gegen Ende der Rede sagte Wallnöfer: "Und wissen
Sie, mir gefällt das schon, wenn da die Bürgermeister und
Gemeinderäte und sonst noch viele Leite zusammenkommen
und in einer einheitlichen Kleidung und nicht in irgendeinem
Huder auftreten."

Dieser Tuppy

Für Aufregung sorgte Wallnöfer Mitte der 80er Jahre, als
Hans Tuppy von der ÖVP zum Wissenschaftsminister gekürt
wurde. Walli sagte beim ÖVP-Bundesparteitag: "Dieser Tuppy
wår doch unter Klaus ein tichtiga Månn, åbr, lebt denn der
iberhaupt no?"

Dokta, schiaß!

Der Wallnöfer-Intimus Robert Fiala begleitete den Landeshauptmann fast immer zur Jagd, schoß aber - obwohl er viel
von der Jagd versteht - selbst nie ein Tier. Wallnöfer hatte
des öfteren gefordert: "Dokta, schiaß!", doch Fiala kam dieser Aufforderung nie nach.

Der integre Broda

Einmal passierte es, daß der Landeshauptmann in Vinaders
mit dem Innenminister Broda zusammenkam. Walli war zuvor
auf seinem Hof noch im Stall gewesen. Als Walli nach dem
Treffen mit Broda in sein Büro im Landhaus kam, musterte
ihn Fiala mit bleichem Blick: Wallnöfers Rock war von oben
bis unten schmutzig. Dem Landeshauptmann war es nicht
aufgefallen, doch der Innenminister mußte es gesehen haben.
Wallnöfer war von einem Kuhschwanz gestreift und
beschmutzt worden. Broda war höflich genug, es Wallnöfer
gegenüber zu übersehen.

Wallnöfer und Kennedy

Zweimal war Wallnöfer in Washington, und beidemale hieß
der US-Präsident Richard Nixon. Aber auch den berühmten
John F. Kennedy dürfte Wallnöfer sehr geschätzt haben. In
seiner allerersten Silvesteransprache zum Jahreswechsel
1963/64 fand Wallnöfer fast poetische Worte zur Ermordung
John F. Kennedys:

"Wie nahe die Welt in unserer Zeit zusammengerückt ist,
und wie sehr sie in allen Teilen zusammenhängt, haben wir
gesehen, als am 22. November die Kunde von der ruchlosen
Ermordung des amerikanischen Präsidenten Kennedy eintraf.
Wir alle fühlten, daß nicht nur ein mächtiger Staat jenseits
des Großen Wassers, sondern über Länder und Meere hinweg wir alle einen großen Verlust erlitten haben."

Weihnachtsansprache 1967

Alle Jahre wieder hielt Landeshauptmann Wallnöfer zu Weihnachten eine Radio-Ansprache an die Tiroler Bevölkerung. Und immer begannen seine Ansprachen mit der Anrede "Liebe Landsleute!" Zu Weihnachten 1967 sprach Wallnöfer vom schönen Brauch der Weihnachtskrippen:

"Liebe Landsleute! In dieser Stunde sind oder werden in vielen Wohnungen Weihnachtskrippen aufgestellt. Krippen aufzustellen, das ist ein schöner Brauch, und dieser Brauch ist ganz besonders in Tirol daheim. Es gibt sogar nicht wenige Krippen, in denen Tiroler Land und Tiroler Leute dargestellt sind: Der Stall von Bethlehem ist mehr oder minder eine Art Almhütte, und die Hirten sehen in Gewand und Haltung wie unsere Bergbauern aus. Die Krippe läßt uns das weihnachtliche Heilsgeschehen ganz besonders tief und innig erleben. Von dem, was die weihnachtliche Frohbotschaft verkündet, wollen wir namentlich den Satz in uns aufnehmen und beherzigen: Friede den Menschen auf Erden, die guten Willens sind …"

Wallnöfers erste Regierungserklärung

Am 13. Juli 1963 wurde Eduard Wallnöfer Landeshauptmann von Tirol. Seine erste Regierungserklärung ist geprägt von der Sorge der Bevölkerung um Arbeit und von seinem Herzensanliegen Südtirol. Wallnöfers erste Regierungserklärung blieb gültig bis zum Jahr 1987. Hier ein Auszug:

"Ich habe nie nach starken Stellungen und danach gestrebt, daß ich zu hohen Funktionen komme. Und wenn Sie, die Abgeordneten dieses Hauses, mich nun zum Landeshauptmann dieses Landes erwählen, dann drückt mich schwer die Sorge und die Verantwortung um dieses Land. … Ganz besonders belastet mich die Sorge um unsere Landsleute jenseits des Brenners. Ich wünsche von Herzen, daß den Südtirolern in einer Autonomie für die Provinz Bozen die kulturellen, sozia-

len und wirtschaftlichen Rechte gesichert werden. ... Wenn
endlich Recht und Frieden in Südtirol eintreten, kann sich
das Land diesseits und jenseits des Brenners, das alte Paß-
Land Tirol, wieder als wirkliches Bindeglied zwischen dem
Norden und Süden eines - wie wir hoffen - bald gemeinsamen Europa fühlen. Die Bevölkerung des Staates und des
Landes erwartet von ihrer Regierung mit Recht Arbeitsmög-
lichkeit, gerechten Lohn, die Werterhaltung der Ersparnis-
se, den gesicherten Lebensabend und eine aussichtsreiche
Zukunft für die Kinder. ... Und zum Schluß verspreche ich
Ihnen die Objektivität der Amtsführung. Für mich gibt es
kein Unterland, kein Oberland, kein Osttirol, sondern nur
das Land Tirol, das mit Südtirol eine geistige und kulturelle
Einheit bildet. Ich habe nicht die Aufgabe, parteipolitische
Differenzen oder berufsständische Gegensätze zu verschär-
fen, sondern sie zu glätten. Nur eine solche Politik kann für
die Dauer Bestand haben. Wobei Sie mir zubilligen werden,
daß sie die christlichen Lebensgrundsätze verwirklichen
muß."

Andreas Hofer

Wallnöfer saß 24 Jahre lang in seinem Amtszimmer im Innsbrucker Landhaus unter dem Bildnis des Tiroler Freiheits-
helden Andreas Hofer. Auf ihn projizierte er Patriotismus,
Schützenwesen und Demokratie. Über Andreas Hofer sagte
Wallnöfer einmal folgendes:
"Andreas Hofer betrachte ich als einen - ich möchte sagen -
ausgesprochen rechtschaffenen Patrioten, der den Begriff
von Freiheit und Heimat rechtschaffen betrachtet hat und
sich deswegen an die Spitze dieses Unternehmens im Jahr
1809 gestellt hat. Für mich ist der Andreas Hofer und die
vielen Patrioten, die damals erschossen worden sind, - ich
möchte fast sagen - etwas Halb-Heiliges, wenn Sie wollen. In
ihrer Grundhaltung - Heimat, Freiheit, Demokratie, Rechtschaffenheit - würden sie uns genau das gleiche sagen, was sie

damals gesagt haben. Sie würden freilich auch mit den Problemen fertigwerden müssen, die die Technik und die Wissenschaft und die gesellschaftsmäßige Veränderung gebracht hat. Und ich könnte mir gut vorstellen, daß Andreas Hofer und seine Leute heute leben könnten."

Ein aufrichtiger Tiroler!

In den 50er Jahren saß Wallnöfer mit dem legendären Tiroler Journalisten Hans Bator und mit dem damaligen Bundeskanzler Julius Raab zusammen. Bator war ein besonderer Liebhaber des Südtiroler Rotweines:

Wallnöfer mit Hans Bator

Raab: "Du Bator, ich höre, du tust in der letzten Zeit soviel trinken!"

Bator: "Deine Regierung isch' ja nur im Delirium zu ertragen!"

Raab stutzt, ist empört und blickt zu Wallnöfer, doch der sagt nur: "Ein aufrichtiger Tiroler! Und alles Genies sein jå wirklich nit in der Regierung. Då håt der Bator schon recht."

Zitate aus Wallnöfers Sprachschatz:

"Sollt i no amål auf die Welt kemmen, tat i Schauspieler wearn!"

"Weil i hie und då a Zigarette wegwerf, bin i no lång koa Umweltverschmutzer!"

"Bis zum Jahr 2000 tu ich es mir selber, und dånn werden wir schon schauen."

"Die Politik ischt die Kunst des Machbaren!"

"Man muß in jeder Lebenslage das Maß nehmen und nie übermütig werden."

172

"Wenn i nit jågen gang, i muan, i lebat nit!"

"Jeder soll auf seinem Platz ein Stück Tirol bauen!"

"Ich habe in der Mitgliedschaft der Regierung und als Landeshauptmann fünf Päpste erlebt, vier Bundespräsidenten und sechs Bundeskanzler."

"Wenn ich im Jahr 1949, als ich zum Abgeordneten gewählt und dann in die Landesregierung gekommen bin, gewußt hätte, daß man so oft vors Mikrophon oder gar ins Fernsehen muß, dann wär i scho allein deswegen nit in die Politik gegangen."

"In der Politik hab ich den Wunsch, daß es uns und daß es mir gelingt, in einer eleganten Zusammenarbeit das wirtschaftliche und das kulturelle und das soziale Leben weiter zu entwickeln und danach zu streben, daß dieses Land in der Krone der österreichischen Bundesländer eine glänzende Perle ist."

Alte Kameraden

Wallnöfers Lieblingsmarsch war der Marsch "Alte Kameraden" von Carl Teike. Er konnte den Marsch im Text mitsingen, was er auch immer bei jeder Veranstaltung getan hat. Bei einem Feuerwehrfest in Silz war einmal eine Tanzkapelle, die den Marsch nicht spielen konnte. Wallnöfer nahm das Mikrophon zur Hand und sang den Musikern das "Alte Kameraden-Lied" vor, damit sie es einfach nachspielen konnten: "Drum trinket aus und schenket ein, und laßt uns alte Kameraden sein."

Der Uhrenliebhaber

Wallnöfer war ein extremer Uhrenliebhaber. Vielleicht wäre er heute auch dem "Swatch"-Fieber erlegen, damals aber hatte es ihm vor allem eine "Schaffhausner Uhr" angetan. Diese hat alles gegolten, diese Uhr soll damals die beste gewesen sein. Uhren waren für Wallnöfer wichtig. Er wollte aber nie Uhren mit Batterien, immer Uhren zum Aufziehen. Frau Amtsrat Dr. Woitschitzky sagte einmal zu ihm: "Ja, aber Sie fahren ja auch nicht mehr mit der Kutsche nach Wien! Also, ich hab schon gern, wenn eine Uhr immer läuft!" Er darauf: "Na, ietz schaug dir amål so an Uhr ån und a so an Uhr. Na, des isch gånz an åndere Uhr!" Auf seinem Hof in Barwies durfte niemand anderer als er die Standuhren aufziehen. Und bevor er zum Essen ging, wurden die Uhren aufgezogen. Wallnöfer konnte es nicht ertragen, wenn eine Uhr stehen geblieben war. Uhren verschenkte Wallnöfer auch: je nach Person hat er als Wertschätzung eine entsprechende Uhr geschenkt.

Der Glockenliebhaber

Neben den Uhren interessierte sich Wallnöfer auch zeit seines Lebens für Glocken. Schon als Bub hat "Edl" Wallnöfer zuhause in Oberhofen Glocken aus Holz gefertigt, die er dann unterm Dach aufhing und die er zusammen mit seinen Geschwistern läutete. Später dann - seit er die Friedensglocke von Rovereto gehört und gesehen hatte - träumte er immer von einer großen Tiroler Friedensglocke, der größten Glocke Tirols. Diese Idee wurde von Wallnöfer selbst wieder fallengelassen. Es wird vermutet, daß er nicht seine geliebten Schützen brüskieren wollte, schließlich haben sie mit der Schützenglocke die größte Glocke Tirols. Möglicherweise hatte es auch andere Gründe, warum Walli seine Glocke nicht gießen lassen konnte. Direktor Praxmarer von der TIWAG schrieb ihm, daß eine Glocke ein kirchliches, kein weltliches Symbol sei und darum die Verwendung ausschließlich kirchlichen Zwecken dienen sollte. Zwanzig seiner Freunde jedenfalls sorgten nun dafür, daß Wallnöfer in Barwies doch eine - wenn auch kleinere - Friedensglocke bekommt. Im August 1993 wurde sie in Innsbruck gegossen.

174

Eduard Wallnöfer - Kurzbiographie

Am 11. Dezember 1913 wird Eduard Wallnöfer in Schluderns im Vintschgau auf dem bergbäuerlichen Mairhof in Gschneir als Sohn von Michael und Marianne Wallnöfer geboren. Am 5. November 1915 wird der kleine Eduard zum Halbwaisen. Sein Vater fällt als Kaiserschütze im Krieg in der Bukowina. Die verwitwete Mutter Wallnöfers heiratet einen Kriegskameraden ihres Mannes. 1919 erfolgt die Übersiedlung von Süd- nach Nordtirol auf dessen Bauernhof in Oberhofen.

1931 tritt der 17 Jahre alte Wallnöfer in die zweijährige Landwirtschaftliche Lehranstalt in Imst ein. 1934 wird er Bezirkssekretär der Bezirkslandwirtschaftskammer Imst, nach kurzer Zeit auch Geschäftsführer der landwirtschaftlichen Genossenschaft.

1935 wird Wallnöfer Bezirksobmann der Jungbauernschaft. Damit öffnet sich der Weg Wallnöfers in die Politik.

Im Zweiten Weltkrieg wird Wallnöfer nach der Grundausbildung zum Funker der Gebirgsartillerie zunächst vom Wehrdienst freigestellt. Als Geschäftsführer einer Viehzuchtorganisation und als landwirtschaftlicher Funktionär übernimmt Wallnöfer Verantwortung für die Nahrungsmittelversorgung der Tiroler Bevölkerung. Die letzten 13 Monate des Krieges dient er als Funker. Noch während des Krieges heiratet Wallnöfer 1940 Aloisia Thaler, die Tochter eines Schmiedes und Bauern in Barwies. Aus der Ehe der beiden gehen drei Kinder hervor: Benedikt, Luise und Eduard.

1949 wird Eduard Wallnöfer, nach einigen Jahren als Gemeinderat von Barwies, von der Tiroler ÖVP zum Kandidaten für die Landtagswahl nominiert und dann auch gewählt. Nur kurz darauf wird der 36jährige Abgeordnete als Referent für die Fragen der Landwirtschaft in die Landesregierung berufen.

Am 19. Jänner 1958 wird Wallnöfer vom Landesbauernrat zum Bundesobmann des Tiroler Bauernbundes gewählt, 1962 wird er Landesparteiobmann der ÖVP. Am 13. Juli 1963 wird Eduard Wallnöfer als Nachfolger des verstorbenen Landeshauptmannes Dr. Hans Tschiggfrey vom Tiroler Landtag zum Landeshauptmann von Tirol gewählt. Von 35 anwesenden Abgeordneten werden 33 Stimmzettel für Wallnöfer abgegeben, zwei sind leer.

Am 12. Oktober 1972 wird auf Wallnöfers Initiative die Arbeitsgemeinschaft der

Alpenländer Arge Alp gegründet. Die Gründungsfeier findet in Mösern bei Seefeld statt. Durch die Arge Alp werden die Beziehungen zwischen Nord- und Südtirol und dem Trentino auf eine neue Ebene gestellt.

Bei der Landtagswahl am 17. Juni 1984 feiert Wallnöfer seinen größten Wahlsieg. Die ÖVP erringt mit 64,6 Prozent aller abgegebenen Stimmen eine klare Zweidrittel-Mehrheit und stellt im Landtag 25 von 36 Abgeordneten.

Im März 1987 tritt Wallnöfer aus gesundheitlichen Gründen als Landeshauptmann zurück, wenig später auch als ÖVP-Landesparteiobmann. Seine letzte große politische Funktion legt er am 5. März 1988 zurück, die des Bundesobmannes des Tiroler Bauernbundes, die er mehr als 30 Jahre innehatte. Am 15. März 1989 stirbt Eduard Wallnöfer.

Wallnöfers Funktionen

Landeshauptmann von Tirol, ÖVP-Landesparteiobmann, Bundesobmann des Tiroler Bauernbundes, Obmann des Verbandes der Landwirtschaftlichen Genossenschaften, Aufsichtsratsvorsitzender der TIWAG und der Brenner Autobahn AG, Landesoberschützenmeister, Ehrenkommandant des Bundes der Tiroler Schützenkompanien u.a.

Wallnöfers Auszeichnungen

Ring des Landes Tirol, Ehrenzeichen des Landes Tirol, Goldenes Ehrenzeichen des Tiroler Bauernbundes, Ehrenring der Stadt Innsbruck, Goldenes Ehrenzeichen des Tiroler Jägerverbandes, Großes Ehrenzeichen des Landes Salzburg, Großes Goldenes Ehrenzeichen am Bande für Verdienste um die Republik Österreich, Großes Silbernes Ehrenzeichen der Republik Österreich, Großkreuz des Ordens des Britischen Empire G.B.E., Großes Verdienstkreuz mit Stern und Schulterband der Bundesrepublik Deutschland, Montford-Orden des Landes Vorarlberg, Bayrischer Verdienstorden, Großkreuz pro merito melitensi des Souveränen Malteser Ritterordens u.a.

Schwerpunkte in der Politik Eduard Wallnöfers

Wallnöfer war ein Vertreter des Föderalismusgedankens und war deshalb davon überzeugt, daß die Tiroler Wirtschaft in der Lage sein sollte, allen Bewohnern des Landes einen Arbeitsplatz zu sichern.

Das Kernstück der Beschäftigungspolitik Wallnöfers war die Bautätigkeit: Straßenbau, Wohnungsbau, Errichtung von Universitätsgebäuden und Krankenhäusern sowie Ausbau der Elektrizitätsversorgung.

Wichtig war für Wallnöfer auch die Schul- und Bildungspolitik. Er ließ moderne Universitätskliniken und neue Institute in Zusammenarbeit mit dem Bund aus den Mitteln der Sonderinvestitionsprogramme und aus den ordentlichen Budgetmitteln errichten. Die technische Fakultät im Westen Innsbrucks entstand, das Land wurde mit einem "Schulnetz" überzogen.

Im Bereich der Regionalpolitik war Wallnöfer maßgeblich für Verkehrserschließungen, Grundzusammenlegungen und für die Intensivierung der Fremdenverkehrswirtschaft als Mittel gegen die drohende Landflucht verantwortlich. Unter

181

Wallnöfer wurden zudem Sonderförderungsprogramme für benachteiligte Bezirke und Investitionshilfen für heimische Betriebe eingeführt.

Ein wesentlicher Punkt im politischen Bewußtsein Wallnöfers war die Verkehrspolitik. Er wollte das Land Tirol in die europäische Wirtschaft integrieren. Seine wichtigsten Straßenbauten waren die Felbertauernstraße, die Brennerautobahn, die Inntalautobahn und der Bau des Arlbergtunnels.

Mit Wallnöfer konnte man nicht politisieren, ohne auf seine Südtirolpolitik zu sprechen zu kommen. Wallnöfer spielte eine entscheidende Rolle bei der Verwirklichung des Autonomiepaketes. Auf sein Bemühen hin traten 1970 erstmals die beiden Tiroler Landtage zu einer gemeinsamen Sitzung zusammen, 1972 gab es erste Gespräche mit den Provinzen Trient und Lombardei. Unter Wallnöfer wurde auch der "Kontaktausschuß Nord-Südtirol" zur grenzüberschreitenden Zusammenarbeit beider Länder gegründet. Dieser Ausschuß war die Grundvoraussetzung für die Gründung der Arbeitsgemeinschaft Alpenländer 1972, seinem Beitrag zur Europapolitik.

Schlußbemerkung

Der Person Eduard Wallnöfer kann kein Buch gerecht werden, schon gar nicht, wenn man sich nur auf vorhandenes Presse-Material und Reden-Sammlungen stützt. Am ehesten - so dachten wir - könnte es noch funktionieren, wenn wir persönliche Zeugnisse von jenen einholen, die mit Wallnöfer lebten, arbeiteten oder in irgendeiner Form mit ihm zu tun hatten. Vieles in diesem Buch wurde daher sehr persönlich, sehr einfach, aber auch sehr lebendig. Recherche-Arbeit an den Wurzeln, das Sammeln von Eindrücken, Erlebnissen, Erinnerungen - für uns eine ganz neue und wichtige Erfahrung.

Fast jeder Tiroler und jede Tirolerin weiß etwas vom Bauern und Landeshauptmann zu erzählen, fast jeder will ihn gekannt haben, fast jeder hat seine eigenen Erlebnisse mit "Walli". Einige Tiroler kommen in diesem Buch zu Wort. Alle gemeinsam lassen uns einem Menschen begegnen, der zweifellos Ecken und Kanten hatte, der aber in erster Linie durch seine Menschlichkeit, seinen Humor und seinen Optimismus das Land einte.

Dieses Buch wird Wallnöfer sicher nicht gerecht, zuvieles ist nur fragmentarisch und unvollständig. Wir selbst kannten Wallnöfer nur als Kinder. Die Arbeit an diesem Buch war

deshalb auch Spurensuche, die Suche nach der Kindheit, in der überall und immer von Wallnöfer die Rede war. Wir bedanken uns nochmals bei allen Autoren und Interviewpartnern sowie bei folgenden Personen:
Alois Dobler, Rosemarie Egenbauer, Ernst Grissemann, Arnold Hirn, Rudolf Hoideger, Max Hörtnagl, Elisabeth Kathrein, Helmut Kirchmair, Leo Koban, Martina Lechner, Heinrich Mandlez, Hans Marberger, Antje Plaikner, Alexandra Raffeiner, Gerhard Rödlach, Maria Schäfer, Helmuth Schönauer, Elfriede Sponring, Luise van Staa, Georg Wagner, Annemarie Wallnöfer, Eva Wundsam

Die Herausgeber
Klaus Horst
(geboren 1965, Zams, Mitarbeiter beim ORF)
Martin Marberger
(geboren 1962, Umhausen, Buchhändler)
Markus Hatzer
(geboren 1966, Prägraten, Verlagsleiter)

Bildnachweis
S. 19, 73, 86, 89, 162: Wolfgang Pfaundler
S. 36, 38, 70: Gerd Sallaberger
S. 33, 100, 113: Paul Flora
Herausgeber und Verlag waren bemüht, jede Rechtssituation zu klären. Etwaige berechtigte Ansprüche werden gewahrt.

184